**PRESENTADO A:**

..................................................................................

**DE:**

..................................................................................

**FECHA:**

..................................................................................

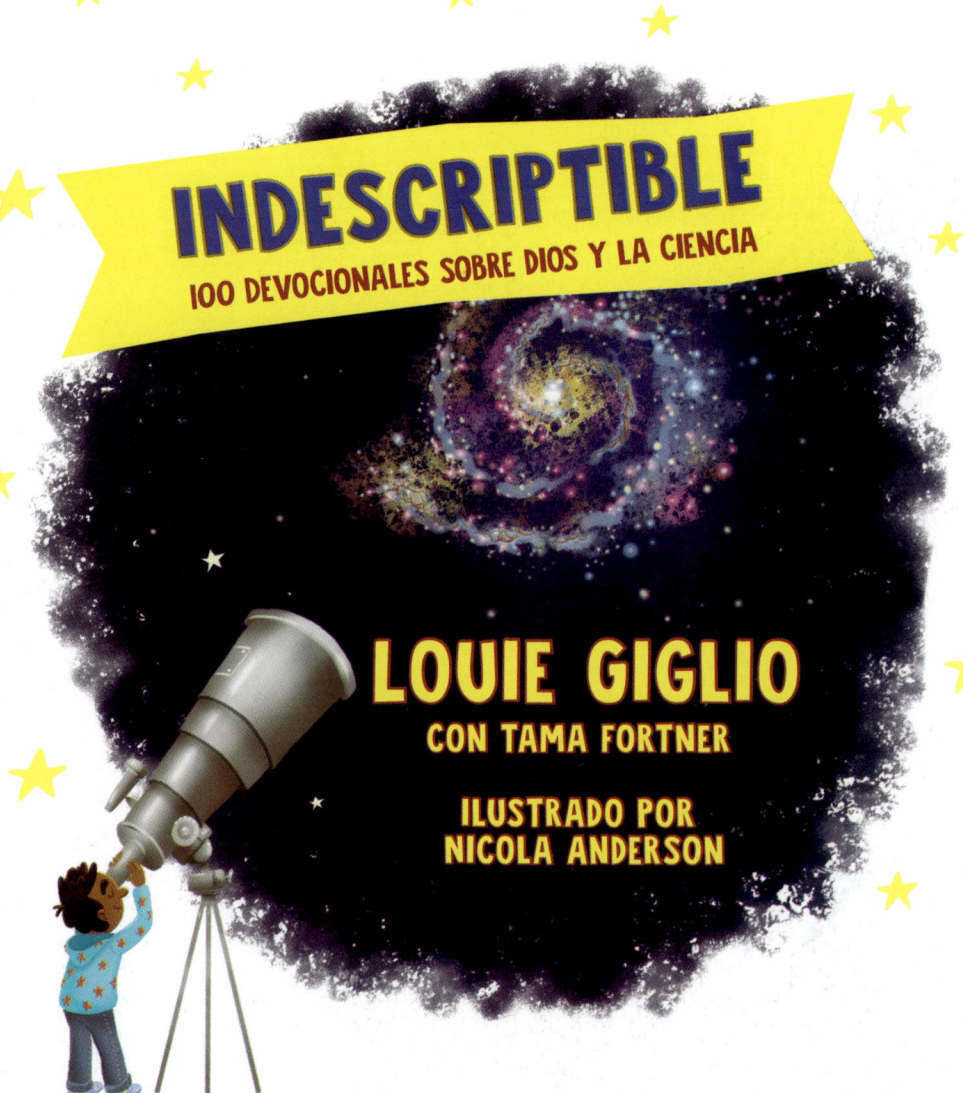

# CONTENIDO

*Introducción* . . . . . . . . . 6

1. Una página en blanco . . . . . . 8
2. Los sonidos del silencio . . . . . 10
3. Dinosaurios y Dragones . . . . . 12
4. ¿Qué es ese olor? . . . . . 14
5. ¿Qué tan profundo es lo profundo? . . . . . 16
6. Pegamento . . . . . . . . . 18
7. Más rápido que la luz . . . . . 20
8. Una herramienta para Dios . . . 22
9. Huesudo . . . . . . . . . 24
10. La historia de las estrellas . . . 26
11. Yakety-Yak . . . . . . . . . 28
12. El contador de estrellas . . . . 30
13. Aun las rocas . . . . . . . 32
14. Desde chico . . . . . . . 34
15. ¡Grandes bolas de fuego! . . . . 36
16. Tronco y ramas . . . . . . 38
17. Oídos para oír . . . . . . . 40
18. Lleno de poder . . . . . . 42
19. Gracia del tamaño del universo . . . . . . . 44
20. Escalar montañas . . . . . . 46
21. ¡Alguien te observa! . . . . 48
22. Iluminar el mundo . . . . . 50
23. Descansar bajo la sombra . . . 52
24. Toda la creación canta . . . . 54
25. ¿Demasiado ocupado? . . . . 56
26. Brilla . . . . . . . . . 58
27. La tierra se mueve… ¡bajo mis pies! . . . . . . . 60
28. Tesoros que perduran . . . 62
29. Hijo de poder . . . . . . 64
30. El factor asombro . . . . . 66
31. Cuando las estrellas mueren . . 68
32. La belleza interior . . . . . 70
33. El caballito de mar . . . . . 72
34. Jugo de escarabajos . . . . . 74
35. ¿Un milagro? ¡Sí, eso eres tú! . . 76
36. Ojo, mucho ojo . . . . . . 78
37. ¿Cuál camino? . . . . . . 80
38. Un Dios gigante . . . . . . 82
39. Peligro: ¡Veneno! . . . . . . 84
40. Una situación peluda . . . . 86
41. Sigue al líder . . . . . . . 88
42. Palmear las Pléyades . . . . . 90
43. Hermoso e inquebrantable . . . 92
44. Probar y ver . . . . . . . 94
45. Derribando el «Big Bang» . . . 96
46. Respira . . . . . . . . . 98
47. Con los pies sobre la tierra . . . 100
48. No te pares en Saturno . . . . 102
49. ¿Quién está ahí? . . . . . . 104

| | |
|---|---|
| 50. Incontables . . . . . . . . **106** | 75. Es universal . . . . . . . . **156** |
| 51. Átomos, electrones, quarks y cosas . . . . . . . **108** | 76. Las olas . . . . . . . . . . . **158** |
| | 77. El tenue punto azul . . . . **160** |
| 52. No solo uno más entre el montón . . . . . . **110** | 78. Colmilludo . . . . . . . . . **162** |
| | 79. Atracción magnética . . . . **164** |
| 53. Ilumínalo . . . . . . . . . . **112** | 80. ¿Duro de corazón? . . . . **166** |
| 54. Perfectamente planeado y creado . . . . . . . . . **114** | 81. Relámpagos . . . . . . . . **168** |
| | 82. ¿Cómo dices? . . . . . . . **170** |
| 55. Nace una estrella . . . . . . **116** | 83. Solo en la Tierra . . . . . . **172** |
| 56. En familia . . . . . . . . . **118** | 84. Florece donde estás plantado . . . . . . . . . . **174** |
| 57. Gruñidos y quejidos . . . . **120** | |
| 58. El planificador . . . . . . . **122** | 85. Las telarañas que tejemos . . **176** |
| 59. Amigos poco probables . . . **124** | 86. Conéctate al poder . . . . . **178** |
| 60. Los grandes sí lloran . . . . **126** | 87. Espéralo . . . . . . . . . . **180** |
| 61. Torcido . . . . . . . . . . **128** | 88. Musculoso . . . . . . . . . **182** |
| 62. Eclipsado . . . . . . . . . **130** | 89. Lo que Dios ve . . . . . . . **184** |
| 63. ¡Cuidado! ¡Va a estallar! . . . **132** | 90. Una mente para ver . . . . . **186** |
| 64. ¡Tan grande! . . . . . . . . **134** | 91. Que llueva, que llueva . . . **188** |
| 65. Roca dinosaurio . . . . . . **136** | 92. ¿Quieres jugar? . . . . . . . **190** |
| 66. Todos juntos . . . . . . . . **138** | 93. El corazón del asunto . . . . **192** |
| 67. ¡Una auténtica joya! . . . . **140** | 94. ¿Hacia dónde sopla el viento? . . . . . . . . . **194** |
| 68. Lo que no sabías acerca de la piel . . . . . . **142** | |
| | 95. Lo que los científicos no saben . . . . . . . . . **196** |
| 69. Sólido como una roca . . . **144** | |
| 70. ¡Increíble! . . . . . . . . . **146** | 96. El supremo sobreviviente . . **198** |
| 71. Justo el tamaño correcto . . . **148** | 97. Solución a la contaminación . **200** |
| 72. Poder cerebral . . . . . . . **150** | 98. Agua, agua en todas partes . . **202** |
| 73. Neblina . . . . . . . . . . **152** | 99. Fructífero . . . . . . . . . **204** |
| 74. ¿Quién caza a quién? . . . . **154** | 100. Aquí está tu cambio . . . . **206** |

# INTRODUCCIÓN

**¿Cuándo fue la última vez que dijiste «¡Asombroso!»?** Quizá estabas hablando de tu estrella deportiva favorita, tu comida favorita o tus tenis favoritos. Creo que las papas fritas, los tenis y las estrellas de básquetbol son asombrosos, pero en este libro quiero contarte sobre lo más asombroso de este mundo: el gran Dios que creó nuestro increíble universo y todo lo que en él existe.

La Palabra de Dios, la Biblia, nos dice que los cielos proclaman la gloria de Dios y su creatividad cada día y noche. Las estrellas no hablan con palabras como lo hacemos nosotros, pero lo grandes que son y la forma en que brillan, nos hablan de que el Dios que las creó es asombroso y poderoso. Por eso es importante y divertido pasar tiempo explorando y aprendiendo acerca de todo lo que Dios ha creado. Entre más aprendemos sobre lo que Dios ha creado, más podemos aprender acerca de él.

Es ocasiones, me gusta pensar acerca de Dios como un científico con su bata blanca, ansioso por compartir con nosotros todas las increíbles cosas que ha hecho en su laboratorio universal que es indescriptible e infinitamente grande. ¿Sabes algo? Dios no solo ama la ciencia, ¡él es el científico por excelencia!

A través de este libro, vamos a explorar el increíble y asombrosamente indescriptible universo que Dios creó y sostiene en sus manos. Le pedí a ciertos amigos que nos ayuden a través de este viaje: Evyn, Raz, Norah, Joshua, Clarke y Adelynn. Estos niños, así como tú, están ansiosos por aprender acerca de todo lo que Dios ha creado.

    Cada día, leeremos juntos sobre diferentes aspectos de la creación de Dios, desde el espacio, la tierra, los animales, los seres humanos. Juntos veremos imágenes e ilustraciones de la vida real, aprenderemos hechos científicos, y oraremos a nuestro Creador.

    Si quieres enfocarte en una parte específica del Universo por un rato, siéntete en libertad de explorar este libro como gustes. Los cuatro temas principales de los que hablaremos serán:

- **El espacio:** páginas 8, 10, 20, 26, 30, 36, 44, 48, 52, 54, 58, 68, 74, 90, 96, 102, 116, 122, 130, 134, 140, 148, 156, 160, 172, 196
- **La Tierra:** páginas 14, 16, 32, 38, 46, 50, 60, 62, 64, 70, 82, 92, 100, 106, 110, 128, 132, 136, 144, 152, 158, 164, 166, 168, 174, 178, 188, 194, 200, 202
- **Los animales:** páginas 12, 22, 28, 42, 56, 66, 72, 80, 84, 88, 94, 104, 112, 114, 118, 124, 154, 162, 176, 180, 186, 190, 198, 206
- **Los seres humanos:** páginas 18, 24, 34, 40, 76, 78, 86, 98, 108, 120, 126, 138, 142, 146, 150, 170, 182, 184, 192, 204

    Mi oración es que puedas ser verdaderamente sorprendido y asombrado conforme aprendes que, el Creador que hizo la Betelgeuse, una de las estrellas más grandes que conocemos, también te creó a TI; desde el número de cabellos en tu cabeza hasta el color de los dedos de tus pies. Este indescriptible Creador te conoce y te ama más de lo que cualquier persona jamás podría hacerlo.

¡Diviértete en tu viaje!<br>***Pastor Louie***

# UNA PÁGINA EN BLANCO

**En el principio creó Dios los cielos y la tierra.
La tierra no tenía forma y estaba vacía [...].
Entonces Dios dijo: "Que haya luz"; y hubo luz.
— GÉNESIS 1:1-3**

**Toda imagen e historia comienza con una página en blanco.** Nada hay en ella, y puedes hacer lo que quieras ahí. Eso es exactamente lo que sucedió cuando Dios «se sentó» a crear la Tierra, el universo y todo lo que hay en él. Dios empezó con una página en blanco. De hecho, ni siquiera había una página, solo oscuridad y nada más, excepto Dios. Luego, él empezó a crear, y

fue exactamente lo que quería. Los planetas giraban en el espacio, las estrellas se extendían por el cielo y galaxia sobre galaxia por todo el universo.

A través del universo y aquí en la tierra, ¡Dios muestra su creatividad para ser indescriptible e increíblemente asombroso! ¿Quién más podría imaginar a la jirafa con su cuello largo y llena de lunares? ¿Quién más podría poner el rugido en la boca del león y el ronroneo en la panza del gatito? ¿Quién más podría inventar los insectos palo, los perezosos, dragones marinos, ornitorrincos o coloridos camarones? (En verdad *necesitas* ver a estos tipos. ¡Son increíbles!).

Dios es infinitamente creativo, eso quiere decir que su creatividad no tiene fin. Y Dios muestra su creatividad en ti. Tú comenzaste como una hoja en blanco en su libro, y él comenzó a escribir tu historia incluso antes de que nacieras. ¡Será una historia buenísima! ¿No lo crees? Solo fíjate en algunas de las asombrosas historias que él ya escribió para personas «comunes» como tú: David derribando a Goliat, Daniel durmiendo con leones y Ester salvando a su pueblo. Dios tiene una historia increíble en sus planes para ti, ¡ya verás!

*¡Dios, el universo entero muestra tu creatividad! Y yo confío en que tú estás creando una historia maravillosa para mí.*

## SORPRÉNDETE

Los perezosos son tan lentos que se mueven solo 1,98 metros por minuto. Incluso sus estómagos son tan lentos, que les toma un promedio de 16 días para digerir las ramitas, frutas, hojas, insectos y lagartijas que se comen. Pasan casi toda su vida colgados boca abajo de los árboles, de los cuales se bajan una vez a la semana aproximadamente, solo para ir al baño... ¡iuk!

# LOS SONIDOS DEL SILENCIO

**Señor, escucha mi voz por la mañana; cada mañana
llevo a ti mis peticiones y quedo a la espera.
—SALMOS 5:3**

**¿Sabías que podrías estar justo al lado de una persona en el espacio, gritando con todos tus pulmones, y esa persona no oiría nada?** No es porque los cascos espaciales lo impidan. Es porque las voces viajan como *ondas de sonido*, y necesitan algo en que viajar, como la atmósfera terrestre. Como no hay atmósfera en el espacio, las ondas de sonido no tienen un medio para viajar; así que los astronautas tienen que hablar entre ellos usando un tipo diferente de ondas: las ondas de radio, las cuales no necesitan una atmósfera para trasladarse.

Pero Dios no necesita ondas de sonido ni ondas de radio para escucharnos, porque la oración es lo que lleva nuestras voces a Dios. Así que, si el Dios que creó el universo entero está listo para escucharnos en lo que sea que queramos decirle, ¿por qué no oramos más?

Parte de la respuesta es que nos distraemos y nos ocupamos. Nuestras ocupaciones de escuela, iglesia, deportes, familia, amigos y un montón de otras cosas, se nos atraviesan. Además, tenemos mensajes de texto, videojuegos, series de televisión, películas y la computadora. En promedio, pasamos casi 8 horas al día mirando algún tipo de pantalla, sea la televisión, la computadora o el celular. ¡Son casi 60 horas a la semana!

En medio de toda esa diversión y cosas fascinantes, Dios nos llama a estar quietos (Salmo 46:10) y orar a él. Orar es cuando lo alabamos por quien es él, le agradecemos por lo que nos ha dado, y le pedimos aquello que necesitamos.

Inténtalo hoy; encuentra un lugar especial donde puedas estar a solas con Dios. En el patio de tu casa, en un parque, en la bañera, en un rinconcito de tu cuarto. Quédate quieto, habla con Dios y escúchalo cuando te responde. Y recuerda, normalmente Dios habla a través de un susurro, con una voz bajita, así que, asegúrate de escuchar atentamente.

*Dios, gracias por querer pasar tiempo conmigo. Gracias porque siempre me escuchas y respondes mis oraciones.*

## SORPRÉNDETE

La oración es tan importante que Jesús —el propio Hijo de Dios— tomó tiempo para orar. Conoce algunas de las maneras en que Jesús oró, en Lucas 5:16, Lucas 6:12 y Mateo 14:23.

# DINOSAURIOS Y DRAGONES

**...sean fuertes en el Señor y en su gran poder.
Pónganse toda la armadura de Dios...**
**—EFESIOS 6:10-11**

**¿Sabías que hay dinosaurios y dragones en la Biblia?** Veámoslo en Job 41:

«¿Puedes capturar al Leviatán con un anzuelo o poner un lazo alrededor de su quijada? [...] Si le pones la mano encima, te dará una batalla que no olvidarás. [...] Las escamas en su lomo son como hileras de escudos fuertemente selladas. [...] De su boca saltan relámpagos; destellan llamas de fuego. [...] No hay espada que pueda detenerlo ni lanza, ni dardo, ni jabalina. El hierro no es más que paja para esa criatura, [...] ninguna otra criatura es tan intrépida» (1, 8, 15, 19, 26-27, 33).

Mucha gente ha dicho que Leviatán es solo un cocodrilo. ¡Pero esa descripción no suena a ningún cocodrilo que yo haya visto! Más bien, se me ocurre la palabra «dragón». Y luego, leemos esto en Job 40:

«Mira a Behemot. [...] ¡Cuánta fuerza hay en sus lomos! ¡Su poder está en los músculos de su vientre! Su rabo se mece como un cedro; los tendones de sus muslos se entrelazan. Sus huesos son como barras de bronce; sus piernas parecen barrotes de hierro». (vv. 15-18, NVI).

Nuevamente, algunas personas dicen que Behemot es un elefante. Pero, ¿has visto alguna vez un elefante con rabo como un cedro?

Dios ha creado algunas cosas sorprendentemente fuertes. Pero lo más fuerte de todo, es algo que Dios ha hecho solo para ti; se llama la armadura de

Dios, y es más fuerte incluso que las escamas del lomo de Leviatán (Job 41:15). Esta armadura tiene piezas para cubrir cada parte de ti —incluidos tu mente y corazón— con el poder de Dios y su verdad. Te protegerá del diablo y todas sus mentiras (lee más sobre la armadura en Efesios 6:10-18). Entonces, como un caballero que se prepara para la batalla, ponte tu armadura cada día. ¿Cómo? ¡Orando y leyendo la verdad de la Palabra de Dios cada día!

*¡Gracias Dios, por tu armadura! Enséñame cómo ponérmela y cómo usarla cada uno de mis días.*

## SORPRÉNDETE

El ácido de tu estómago es tan potente que puede derretir metal. Pero una armadura de mucosa protege tu estómago y lo reviste para que el ácido permanezca ahí, ¡solo desintegre lo que debe desintegrar!

# ¿QUÉ ES ESE OLOR?

**¡Ay de ustedes, [...] hipócritas!, que son como sepulcros blanqueados. Por fuera lucen hermosos, pero por dentro están llenos de huesos muertos y de podredumbre.**
—MATEO 23:27, NVI

**¿No huele esa flor... horrible?** La mayoría de las flores huelen delicioso, pero si hueles este monstruo —el «aro gigante»— correrías. ¿Por qué? Bueno, piensa en su apodo, «flor de cadáver», y eso te dará una idea de por qué

## SORPRÉNDETE

huele tan mal. En caso de que no lo sepas, un cadáver es un cuerpo descompuesto, muerto. ¡Qué asco!

Esta flor crece en Indonesia y es una de las más grandes y extrañas del mundo. ¡Su tallo puede crecer hasta cuatro metros y medio de altura, y su flor puede tener casi un metro de ancho! Pero incluso con este asombroso tamaño, la flor de cadáver es mejor conocida por su horrible olor, ¡su flor huele a podrido! De hecho, hasta se ve podrida. Pero toda esta asquerosidad la hace sumamente irresistible para los insectos, los cuales la planta necesita para polinizar, para poder reproducirse y hacer *más* flores grandes y apestosas.

La parte exterior de la flor es bonita, aunque huele a carne podrida. De hecho, es la hipócrita del mundo de las plantas. ¿Qué es un *hipócrita?* —te preguntarás. Es una palabra dominguera para alguien que pretende ser bueno solo cuando los demás lo están viendo. Pero cuando nadie lo ve, hace lo que no es correcto. También se los llama *doble cara* o *falsos,* su interior y su exterior no coinciden. ¿Alguna vez has conocido a alguien así? Jesús dijo que esa no es una manera correcta de vivir. Nuestras palabras y acciones deberían ser siempre buenas y amables, sin importar si alguien nos está viendo o no. *Esa* es una vida cuyo aroma será muy dulce.

La Venus atrapamoscas es una de las plantas más mortíferas, si eres un insecto. Sus hojas son como una trampa con bisagras; cuando un insecto entra, le hace «cosquillas» al vello de las hojas de la planta, y se activa la trampa. ¡Las hojas se cierran, dejando atrapado al insecto, que entonces es digerido lentamente!

> **Amado Dios, no quiero que mi vida sea falsa, de doble cara o que huela a podrido. Llena mi corazón con tu amor y ayúdame a hacer lo correcto incluso cuando nadie me está viendo.**

# ¿QUÉ TAN PROFUNDO ES LO PROFUNDO?

Oh Señor, has examinado mi corazón y sabes todo acerca de mí. Sabes cuándo me siento y cuándo me levanto; conoces mis pensamientos aun cuando me encuentro lejos.
—SALMOS 139:1–2

**Los océanos son lugares hermosos, asombrosos y misteriosos, al menos para nosotros.** Dios, por supuesto, ¡sabe todo acerca de ellos! Y aunque los océanos cubren más del 70 % de la superficie de la Tierra, solo hemos explorado el 5 % de ellos. Esto, en parte, debido a lo profundos que son. La profundidad promedio del océano es de 3688 metros, ¡más de 3 kilómetros!

Algunas partes del océano son tan profundas que los científicos no han podido aún explorarlas. Pero lo que han alcanzado a explorar los ha llevado a sorprendentes descubrimientos, como el pez luna gigante, que puede llegar a pesar hasta 2300 kilos; el pez de colmillos largos, cuyos colmillos lo hacen ver como una criatura salida de una película de terror; y el pez globo, que se ve como... bueno... un globo pegajoso de 30 centímetros. Los científicos creen que hay millones de especies aún por descubrir en lo profundo del mar. Y aunque nosotros todavía no conozcamos todos los misterios de las profundidades del mar, podemos estar seguros que Dios sí.

Dios también conoce todos los misterios de los lugares más profundos de tu mente. Él conoce cada pensamiento, incluso antes de que tú lo pienses, los buenos y los no tan buenos. Dios entiende que hay momentos cuando un mal pensamiento se filtrará en tu mente, incluso sin que lo quieras. No te rindas ni te desanimes, pero tampoco sigas dándole vueltas a esos pensamientos; «captúralos» y «llévalos a la obediencia a Cristo» (2 Corintios 5:10). Puede ser complicado hacerlo, pero pídele ayuda a Dios, ¡y él te ayudará a hacerlo!

*Señor, tú sabes todo sobre mí, incluso cada pensamiento que está en mi mente. Ayúdame a capturar cualquier pensamiento malo que quiera entrar a mi mente, y en vez de eso, llena mi mente con pensamientos de ti.*

## SORPRÉNDETE

La parte más profunda del mar (que conocemos) está localizada dentro de la Fosa Mariana, en el Océano Pacífico. Es llamada el abismo Challenger, y tiene aproximadamente 10 900 metros de profundidad. Si dejáramos caer el Monte Everest, la montaña más alta del mundo, dentro del abismo Challenger, quedaría cubierto por casi 2 kilómetros de agua.

# PEGAMENTO

**[Cristo] ya existía antes de todas las cosas
y mantiene unida toda la creación.**
**—COLOSENSES 1:17**

**¿Has visto albañiles construir un edificio con ladrillos?** No solo colocan un ladrillo sobre otro; necesitan alguna especie de pegamento que mantenga unidos los ladrillos. El pegamento para los ladrillos se llama *mortero*.

Del mismo modo, tu cuerpo está conformado por 37,2 billones de pequeños ladrillos llamados *células*. Y al igual que una construcción, esas células necesitan algún tipo de pegamento para mantenerse unidas. Ese pegamento se llama *laminina*.

La laminina mantiene *tu cuerpo* unido, y lo más sorprendente es cómo luce esta sustancia. Cuando observas la laminina (se necesita un microscopio de electrones para eso), te darás cuenta que parece *una cruz*.

¿Por qué eso es tan importante? Porque es otro recordatorio de que somos creación de Dios. Verás, Dios ha dejado sus huellas en todo lo que ha creado. La Biblia nos dice que incluso cuando no podemos ver las cualidades invisibles de Dios —su asombroso poder y su santidad— podemos ver su creación y saber que él es real (Romanos 1:20). Jesús estaba con Dios de la creación, y «por medio de él, Dios creó todo lo que existe en los lugares celestiales y en la tierra. Hizo las cosas que

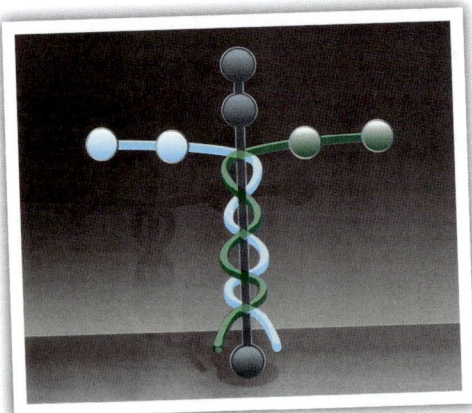

Laminina

## SORPRÉNDETE

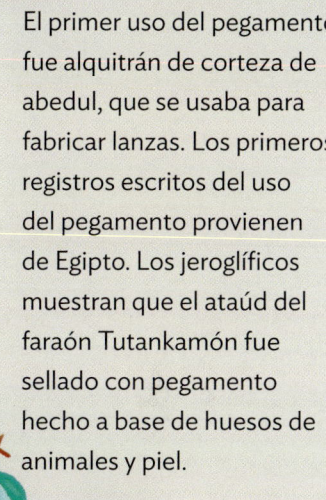

El primer uso del pegamento fue alquitrán de corteza de abedul, que se usaba para fabricar lanzas. Los primeros registros escritos del uso del pegamento provienen de Egipto. Los jeroglíficos muestran que el ataúd del faraón Tutankamón fue sellado con pegamento hecho a base de huesos de animales y piel.

podemos ver y las que no podemos ver, […] y [él] mantiene unida toda la creación (Colosenses 1:16-17).

La laminina es una imagen de lo que Jesús nos dice en su Palabra: él es el pegamento que mantiene unido nuestro cuerpo, nuestra alma y todo lo que somos. Entonces, cuando sientes que estás teniendo el peor de tus días, piensa en la laminina y recuerda que Jesús te mantiene a ti y a todas las cosas unidas.

*Señor, cuando comience a preocuparme sobre las cosas que están sucediendo en mi vida y a mi alrededor, ayúdame a recordar que tú eres el Señor de todo, y que tú eres el que hace que todo se mantenga unido y completo, incluido yo.*

# 7
# MÁS RÁPIDO QUE LA LUZ

**Entonces Dios dijo:
«Que haya luz»; y hubo luz.**
— GÉNESIS 1:3

**¿Deseaste alguna vez haber estado allí cuando Dios creó el mundo?** ¿Qué tan asombroso habría sido ver cómo Dios hizo todo? Nos hubiera dejado anonadados, sin aliento. ¿Por qué? Porque cuando Dios dijo: «Que haya luz», no fue solo como encender el interruptor de la luz, ¡para nada! Fue más como una explosión de luz, que superaría lo que tus ojos pudieran ver.

La Biblia nos dice en Salmos 33:6 que los cielos fueron hechos por la palabra de Dios. Él exhaló el universo y todo lo que hay en él. Entonces, cuando Dios dijo que hubiera luz, ¡esa luz salió de su boca a 299 338 kilómetros por segundo! Esa es la rapidez con la que la luz viaja, por lo cual la llamamos «la velocidad de la luz». La luz de Dios atravesó los cielos, ahuyentó las tinieblas y encendió el universo entero en un resplandor de gloria brillante.

Solo una cosa es más rápida que la velocidad de la luz, y es la velocidad de Dios. Cuando hablamos a Dios en oración, él inmediatamente está ahí para escucharnos y comienza a preparar su respuesta ahí mismo. El detalle está, en que aun así, Dios puede no darte la respuesta en ese momento. En ocasiones él te pide que esperes, y otras veces ni siquiera te da lo que le pediste. Pero puedes confiar que Dios siempre te dará la respuesta exacta, en el mejor momento y en la forma correcta. ¡Él siempre está trabajando más rápido que la velocidad de la luz!

*Dios, ni siquiera puedo imaginar lo veloz que la luz en realidad es. Y saber que escuchas mi oración incluso más rápido que eso, me asombra. ¡Muchas gracias Dios por apresurarte a escucharme!*

## SORPRÉNDETE

El universo de Dios es tan grande, que no puede medirse en centímetros, en metros, ni tampoco en kilómetros. Necesitamos una regla mucho más grande: los «años luz». Un «año luz» es —sí, adivinaste— qué tan lejos la luz viaja en un año, lo que es 9,46 billones de kilómetros. Nuestra Vía Láctea tiene 100 000 años luz de ancho. ¡Y eso es solo una de las miles de millones de galaxias que nuestro potente Dios ha creado!

# UNA HERRAMIENTA PARA DIOS

**Anímense y edifíquense unos a otros, tal como lo vienen haciendo.**
**—1 TESALONICENSES 5:11, NVI**

**Los científicos han sabido desde hace mucho tiempo que algunos animales poseen herramientas para conseguir lo que necesitan.** Pero recientemente han descubierto la forma más inusual en que un animal «construye» su casa, un animal que encontraron corriendo por la arena al fondo del océano.

El pulpo vetado (*Amphioctopus marginatus*) construye su casa usando las cáscaras de coco que la gente arroja al océano. Coloca una mitad sobre la otra y se acomoda en medio. Esta es armadura submarina perfecta para su cuerpo tan suave. Cuando el pulpo necesita moverse, sencillamente apila las mitades debajo de su cuerpo, como quien apila dos recipientes. Después de eso, avanza como si tuviera zancos, arrastrando las cáscaras del coco con él. Los científicos han notado a los pulpos desenterrando las cáscaras y lavándolas con chorros de agua, para limpiarlas antes de moverlas.

Dios les ha dado a muchos animales la habilidad de utilizar herramientas, ¿pero sabías que él te hizo a ti para que seas una herramienta? Dios quiere que seas su herramienta para edificar (ayudar a crecer) a otros y enseñarles cómo acercarse a él. ¿Cómo puedes hacer eso? Dios te lo dice en su Palabra:

«Por tanto vayan y hagan discípulos de todas las naciones, bautizándolos en el nombre del Padre, y del Hijo y del Espíritu Santo, enseñándoles a obedecer todo lo que les he mandado a ustedes. Y les aseguro que estaré con ustedes siempre, hasta el fin del mundo» (Mateo 28:19-20, NVI).

¡Qué pensamiento tan asombroso que Dios te use para construir su Reino y ayudar a otros a conocerlo!

*Señor, quiero ser una herramienta, un instrumento en la construcción de tu Reino. Ayúdame a vivir una vida que le cuente a los demás acerca de ti.*

## SORPRÉNDETE

El pulpo vetado es uno de tantos animales que utiliza herramientas. Hay un grupo de delfines nariz de botella en Shark Bay (Bahía de Tiburones), en Australia, que llevan esponjas de mar en sus picos para remover la arena del océano y así dejar al descubierto sus presas. También, las nutrias marinas usan rocas como martillos para abrir las conchas de abulón y comerse lo que está dentro.

# HUESUDO

**La oración ferviente de una persona justa tiene mucho poder y da resultados maravillosos.**
—SANTIAGO 5:16

**Huesos: eso es lo que nos distingue de las medusas.** Bueno... huesos, inteligencia, alma y unas cuantas cosas más. El punto es que los huesos son *sumamente* importantes. El cuerpo adulto tiene 206 huesos, y más de la mitad de ellos están en tus manos y pies. El fémur es el más largo, mientras que el estribo (que está en el oído medio) es el más pequeño.

Los huesos hacen muchas cosas por tu cuerpo; por ejemplo, te mantienen erguido, forman tu esqueleto y le dan forma a tu cuerpo. Los huesos dan estructura a tus músculos para que te puedas mover, y protegen las partes blandas de tu cuerpo, como tus órganos. También los huesos sirven como depósito de minerales que tu cuerpo necesita, como por ejemplo el calcio; y la médula ósea (que está dentro de tus huesos), es una fábrica para tus células sanguíneas. Entonces, como ves, los huesos de tu esqueleto son bastante importantes, pero no son los únicos huesos que tienes.

También necesitas tener «huesos de fe» saludables. ¿Cómo los mantienes saludables? Orando a Dios, alabándolo, estudiando su Palabra, y estando con su pueblo. Los huesos de la fe son de los huesos más importantes para darle forma a tu vida. Te ayudan a moverte en la dirección correcta conforme sigues la voluntad de Dios; protegen el tierno interior de tu alma y corazón; y mantienen el poder de Dios en tu espíritu, para que hagas uso de él cuando lo necesites. Si mantienes tus huesos de la fe saludables, ellos te ayudarán a mantenerte firme cuando las tentaciones y los tiempos difíciles vengan. ¡Sin duda tus «huesos de la fe» son *sumamente* importantes!

*Señor, muéstrame cómo mantener mis «huesos de la fe» fuertes, para que siempre pueda permanecer firme en ti.*

## SORPRÉNDETE

Para tu sorpresa, tú naciste con 300 huesos en tu cuerpo, pero ahora solo tienes 206. ¿Qué sucedió? ¿Se te perdieron algunos? No, lo que sucede es que algunos de ellos con el paso del tiempo se convirtieron en uno. Por ejemplo, cuando los bebés nacen, los huesos en su cráneo están separados; se conectan solo a través de membranas, lo que crea la parte «blandita» de la cabeza del bebé. Conforme pasa el tiempo, los huesos crecen, se unen y se vuelven sólidos.

# LA HISTORIA DE LAS ESTRELLAS

**Los cielos proclaman la gloria de Dios y el firmamento despliega la destreza de sus manos. Día tras día no cesan de hablar; noche tras noche lo dan a conocer.**
—SALMOS 19:1-2

**¿Has escuchado a tus papás o a tus abuelos contarte una historia?** Hay algo en *escuchar* una historia que lo vuelve mágico. Quizá es porque puedes cerrar los ojos, recostarte y dejar tu imaginación volar.

¿Sabías que Dios cuenta historias también? ¡Sus historias son las mejores! Y él usa las estrellas para hacerlo. Pero la historia que esas estrellas cuentan no es una historia dulce y tierna de cómo parpadean y brillan. No, su historia es una de majestuosidad y poder. Es la historia del Dios que creó todo lo que podemos ver, y todo lo que no vemos. La historia de estas estrellas se cuenta a gritos a través del universo, del cielo, hasta llegar a ti. Ellas no usan palabras para contar su historia; usan su presencia. Y es que nada tan perfecto, tan majestuoso, podría haber sucedido solo por accidente. Ellas debieron haber tenido un Gran Creador: Dios.

¡Dios *crea* las estrellas! Él es asombroso. Es increíble. ¡Es indescriptible! Y el Dios que crea las estrellas, también te creó a ti.

Dios quiere llenar tu vida con su historia. Solo mira al cielo y ve las estrellas, mientras escuchas: «En el principio, Dios creó los cielos y la tierra» (Gén. 1:1). Así como las estrellas, tú eres parte de la historia de Dios; ¡y fuiste creado para contarle a los demás cuán asombroso es tu Creador!

*Señor, solo pensar que Aquel que creó las estrellas me quiere hacer parte de SU historia ¡es sorprendente! ¡Muchas gracias! Abre mis oídos para escuchar la historia que tu creación cuenta, y ayúdame a hacerlo a mí también.*

## SORPRÉNDETE

Las estrellas no titilan en realidad. Parece que lo hacen, pero es porque nuestra atmósfera hace que la luz de las estrellas se doble ligeramente mientras recorren su camino a la tierra. Nuestra atmósfera está compuesta de aire lleno de gases que siempre se está moviendo (como el viento). La luz se mueve a través de la atmósfera conforme esta también se mueve. Eso es lo que hace que parezca que las estrellas titilan.

# 11

# YAKETY-YAK

**Oh Señor, ¡cuánta variedad de cosas has creado! Las hiciste todas con tu sabiduría; la tierra está repleta de tus criaturas.**
—SALMOS 104:24

**Imagínate nadar en un lago congelado, en pleno invierno, en la cima del Himalaya, donde ni siquiera los árboles crecen.** ¿Imposible? No si eres un yak.

¿O qué tal salir a caminar en temperaturas tan bajas como 40 grados centígrados bajo cero? (¡Eso es mucho más frío de lo que se necesita para nevar!) Loco, ¿verdad? No si eres un yak.

¿Te gustaría excavar con tus cuernos de un metro a través de gruesas capas de hielo, para conseguir comida? ¿Te parece ridículo? No si eres —lo adivinaste— un yak.

¿Por qué estoy hablando mucho de los yaks? Por esto: Dios les dio a todas sus criaturas todo lo que ellas necesitan para vivir. Y eso, ¿por qué importa? Porque como la creación más preciada de Dios, puedes estar seguro que Dios te dará todo lo que necesites para vivir la vida que él ha pensado para ti. Si en algún momento te encuentras atravesando una situación difícil, con alguna necesidad en tu vida, puedes confiar en que Dios te dará todo lo que necesites para salir de ello.

¿Necesitas pedirle perdón a alguien? Dios puede ayudarte a ser humilde. ¿Necesitas perdonar a alguien? Dios también puede ayudarte con eso (de hecho, él es genial perdonándonos). ¿Necesitas cambiar tus actitudes? Dios puede mostrarte justo lo que necesitas hacer.

Claro, a veces Dios te pide que hagas cosas difíciles, pero nunca que lo hagas tú solo. Entonces, en vez de estar hablando mucho de lo que te preocupa, ve con Dios; él siempre está listo para ayudarte.

## SORPRÉNDETE

Los yaks viven en el *Himalaya*, una cordillera que está en el Tíbet, donde está la montaña más alta del mundo. Himalaya significa «casa de nieve». En las cumbres de la cordillera, las cuales pueden alcanzar una altura de 8848 metros, el hielo y la nieve nunca se derriten. Pero al pie de las montañas hay bosques tropicales donde viven tigres y elefantes.

*Dios, muchas gracias por darme todo lo que necesito para vivir la vida que tú quieres que viva. Ayúdame a siempre volverme a ti cuando necesito ayuda, y cuando creo que no.*

## 12
# EL CONTADOR DE ESTRELLAS

**Alcen los ojos y miren a los cielos: ¿Quién ha creado todo esto? El que ordena la multitud de estrellas una por una, y llama a cada una por su nombre. ¡Es tan grande su poder, y tan poderosa su fuerza, que no falta ninguna de ellas!**
—ISAÍAS 40:26, NVI

**Una galaxia es una gigantesca colección de estrellas, polvo y gases; todo se mantiene unido a causa de la gravedad.** La Tierra, el Sol y todos los otros planetas que forman parte de nuestro Sistema Solar, solo son una pequeña parte de nuestra galaxia, conocida como la Vía Láctea. La Vía Láctea es tan extensa, ¡que los científicos piensan que hay entre 100 y 400 miles de millones de estrellas en ella! No saben exactamente cuántas, porque son tantas que es imposible contarlas. Pero la Biblia nos dice que Dios cuenta todas y cada una de las estrellas. Y no solo eso, sino que las llama por su nombre. Ah, y dicho sea de paso, no solo existen las estrellas de la Vía Láctea. Dios cuenta y nombra cada estrella en los miles de millones de galaxias que conocemos, y en los miles de millones de galaxias que aún no descubrimos. Así de grande, asombroso y sorprendente es nuestro Dios.

Dios es muchísimo más grande que cualquier cosa que hayamos visto, o lo que sea que pudiéramos soñar o imaginar. ¡Dios es inmenso, y su universo también lo es! ¿Pero sabes qué es lo más sorprendente y maravilloso? El mismo Dios que conoce el nombre de cada estrella, también conoce *tu* nombre.

Mirar la inmensidad del cielo puede hacer que te sientas pequeño —como un diminuto punto flotando en medio del espacio— pero *tú* eres muy importante para Dios. Él te conoce, te ama y quiere ser la parte más importante de tu vida. Quiere tener una relación contigo que nunca, nunca, nunca, termine.

*Dios, veo todas las estrellas y me asombra que conozcas el nombre de todas. Pero, sobre todo, me llena de alegría que conozcas mi nombre.*

## SORPRÉNDETE

Si trataras de contar todas las estrellas que conocemos de la Vía Láctea, ¿cuánto tiempo te llevaría? Contando una estrella por segundo, ¡te llevaría unos 3168 años! La próxima vez que estés afuera en la noche, ve cuántas estrellas puedes contar. ¡Pero no te quedes ahí miles de años!

# AUN LAS ROCAS

¡Que los ríos aplaudan con júbilo! Que las colinas entonen sus cánticos de alegría.
—SALMOS 98:8

**En una ocasión que Jesús viajó a Jerusalén, una multitud de personas se reunieron alrededor de él y comenzaron a gritar, alabándolo por todos los milagros que habían visto que él había realizado.** Pero a los fariseos no les gustó esto, así que le pidieron a Jesús que le dijera a la gente que se callara. Pero Jesús les dijo: «Les aseguro qué, si ellos se callan, gritarán las piedras» (Lucas 19:40, NVI).

Jesús puede hacer que incluso las piedras y las rocas canten sus alabanzas, y eso parece ser exactamente lo que sucedió unos kilómetros afuera de Butte, Montana, donde una formación rocosa inusual atrae a la gente a escuchar las canciones de las «Rocas Sonoras». Cuando alguien golpea estas rocas con un martillo, suenan como una campana. La forma de las rocas, el tamaño y como están ubicadas, causa que cada roca produzca un sonido diferente.

Los científicos no están del todo seguros de por qué estas rocas suenan. Creen que quizá es porque estas rocas contienen hierro dentro de ellas. Pero los hijos de Dios conocemos la razón verdadera: las piedras resuenan porque Dios las *creó* para que resonaran. La Biblia nos dice en el Salmo 19:1 (NVI) que «Los cielos cuentan la gloria de Dios, el firmamento proclama la obra de sus manos», y también lo hacen los animales, los árboles, los océanos y cada cosa creada por Dios. Todo declara que Dios es asombroso y que es nuestro Creador. ¡Hasta las rocas resuenan con alabanzas a Dios!

*Señor, ni siquiera puedo enumerar todas las cosas por las que quisiera darte gracias, ¡pero trataré! Ayúdame a recordar que cante tus alabanzas cada día y a cada momento.*

## SORPRÉNDETE

Un lugar similar al de las «Rocas Sonoras» se encuentra en Pensilvania. En junio de 1980, el doctor John J. Ott reunió lo suficiente de estas rocas (cada una pesa casi 91 kilos), y las acomodó de acuerdo a su sonido musical. Después dio un concierto —un *verdadero* concierto de *rock*— golpeando las rocas con un martillo de acero.

# DESDE CHICO

**Que nadie te menosprecie por ser joven. Al contrario, que los creyentes vean en ti un ejemplo a seguir en la manera de hablar, en la conducta, y en amor, fe y pureza.
—1 TIMOTEO 4:12, NVI**

**Probablemente sabes que los gatitos, cuando crecen, se convierten en gatos, los cachorros en perros, y los pollos en gallinas.** ¿Pero sabías que un *pollino*, al crecer, se convierte en burro? ¿O el *gazapo* en conejo?

Sin embargo, la pregunta que importa es: ¿en qué te convertirás *tú* cuando crezcas? ¿Llegarás a ser la persona que Dios ha soñado que seas? Él te ha dado dones y talentos especiales, cosas que puedes hacer y que nadie más las podría hacer como tú. Dios quiere que uses tus dones y talentos para amarlo a él y amar a los demás. Amar a Dios y amar a los demás son los dos mandamientos más grandes, y se encuentran en Mateo 22:37-40.

## SORPRÉNDETE

Los niños pueden marcar una gran diferencia en el mundo haciendo cosas pequeñas, como animar a un amigo, compartir lo que tienes o contarle a otros de Dios. ¿Qué puedes hacer hoy para convertirte en la persona que Dios quiere que seas?

La gran noticia es que no tienes que esperar a ser adulto para comenzar a usar tus dones y seguirlo a él y obedecer su Palabra. Puedes empezar ahora mismo. Pero *solo soy un niño,* dirás. Está bien, solo mira lo que un niño de la Biblia hizo. Josías tenía solo 8 años de edad cuando se convirtió en rey y guió al pueblo de vuelta a Dios (lee sobre él en 2 Reyes 22-23).

Ahora, no necesitas ser un rey para hacer lo correcto y guiar a las personas a Cristo. Puedes ser un profesor, un bombero, un presidente o un niño. Solo ama a Dios con todo tu corazón, alma y mente, y ama a los demás, ¡y crecerás haciendo cosas extraordinarias!

*Amado Dios, gracias por hacerme único y con un propósito. Ayúdame a ver todas las maneras — grandes y pequeñas— en que puedo mostrar tu amor a otros hoy.*

# ¡GRANDES BOLAS DE FUEGO!

**Pues Dios no nos ha dado un espíritu de temor y timidez, sino de poder, amor y autodisciplina.
—2 TIMOTEO 1:7**

**El sol calienta nuestras caras y le da luz a nuestros días.** Solemos dibujarlo como un pequeño círculo amarillo con una carita sonriente en medio. Es que parece… tan amistoso.

¡Pero eso solo es porque está a 150 millones de kilómetros de nosotros!

La verdad es que, de cerca, nuestro Sol no es nada amistoso. Es más como un furioso infierno de llamas. ¡La temperatura del núcleo del Sol es de 15 millones de grados centígrados! Y no es para nada una pequeña bola amarilla. Es enorme, ¡increíblemente enorme! Si la Tierra fuera del tamaño de una pelota de golf, el Sol sería del tamaño de un elefante.

Dios exhaló el sol desde su boca (ve el Salmo 33:6). ¿Qué nos dice eso acerca de Dios? Que es poderoso, que es asombroso. Él es capaz de hacer cosas que ni siquiera podemos imaginar. ¡Nuestro Dios es *feroz* en su poder!

¿Qué es lo que Dios hace con todo ese poder? Él te da ese poder a *ti*. Cuando estás cansado de tratar de hacer lo correcto y sientes que no vas a ningún lado, cuando tus preocupaciones te ponen temeroso para dar el siguiente paso, o cuando te sientes atacado por problemas demasiado grandes para ti, no te asustes. ¡Sé valiente! Busca a Dios en oración, y pídele de su poder. Él *sí* responderá; y su Espíritu te hará fuerte y poderoso. Confía en Dios. Él está parado «ferozmente» a tu lado, y él tiene todo bajo control.

*Señor, nunca más veré el sol de la misma manera. ¡Tu poder es asombroso! Gracias por amarme tanto, que usas el mismo aliento con que creaste el sol, para venir en mi ayuda.*

## SORPRÉNDETE

¿Qué tan grande es el sol? Le cabrían cerca de 1 millón de planetas Tierra dentro. ¡Eso sería como llenar con pelotas de golf dos autobuses escolares completos!

# TRONCO Y RAMAS

**Yo soy la vid y ustedes son las ramas. El que permanece en mí, como yo en él, dará mucho fruto; separados de mí no pueden ustedes hacer nada.**
—JUAN 15:5, NVI

**Comencemos con una tarea: vé y mira fijamente un árbol.** No solo lo mires; realmente estúdialo. Examina su tronco, su color, sus ramas. ¿Qué tan alto es? ¿Qué tan ancho?

Un árbol es uno de los diseños más grandiosos de Dios. De hecho, en el libro de Génesis, Dios dijo que era un muy buen diseño. ¿Quieres saber algo increíble? Dios repitió el diseño básico del árbol dentro de ti, y en más de una manera.

Verás, Dios creó los árboles para que tuvieran un tronco principal y un montón de ramas que salieran del tronco. Esas ramas transportan la savia (que es como la sangre del árbol) y sus nutrientes a cada parte del árbol.

Dios creó tus vasos sanguíneos para que funcionen de una manera similar. Estos vasos transportan tu sangre —y todos sus nutrientes— a cada parte de tu cuerpo. Los vasos más grandes se conectan con el corazón y funcionan como el tronco de un árbol. Los más pequeños —como las ramas de un árbol— se ramifican en otros más y más pequeños, para que así cada parte de tu cuerpo sea nutrida.

De igual manera, Jesús es nuestro «árbol divino», y nosotros somos las ramas que crecemos de él. Si nuestra conexión con él está dañada, entonces nosotros también lo estamos. Así como una rama que se corta del árbol no puede seguir creciendo ni producir fruto, si nos «cortamos» de Jesús, ya no podremos producir su fruto de amor, amabilidad, gozo y paz.

## SORPRÉNDETE

El árbol más alto del mundo es una secuoya de la costa. Está ubicado en una remota región del Parque Nacional Redwood, en California. Con una sorprendente altura de más de 115 metros, es conocido como Hyperión. Por cierto, eso se compara a la altura de un edificio de 35 pisos, ¡y hasta es más alto que la mayoría de las ruedas de la fortuna!

Así que mantente conectado a Jesús, y estarás nutrido y capaz de producir una abundante cosecha de fruto celestial.

*Gracias, Señor, por nutrirme como a la rama de un árbol. Ayúdame a siempre permanecer conectado a ti, así puedo continuar creciendo y produciendo fruto. ¡Tú eres lo único que necesito!*

# OÍDOS PARA OÍR

**No solo escuchen la palabra de Dios;
tienen que ponerla en práctica.**
—SANTIAGO 1:22

**Tus oídos son una creación asombrosa.** No solo te permiten escuchar, sino que también te ayudan con tu equilibrio y —aunque sea difícil de creer— con tu sentido del gusto. Tus oídos nunca dejan de trabajar, incluso cuando estás dormido.

Tus oídos trabajan capturando las ondas sonoras a través del oído externo, el cual se conoce como *pabellón auricular*. Esa es la parte del oído que podemos

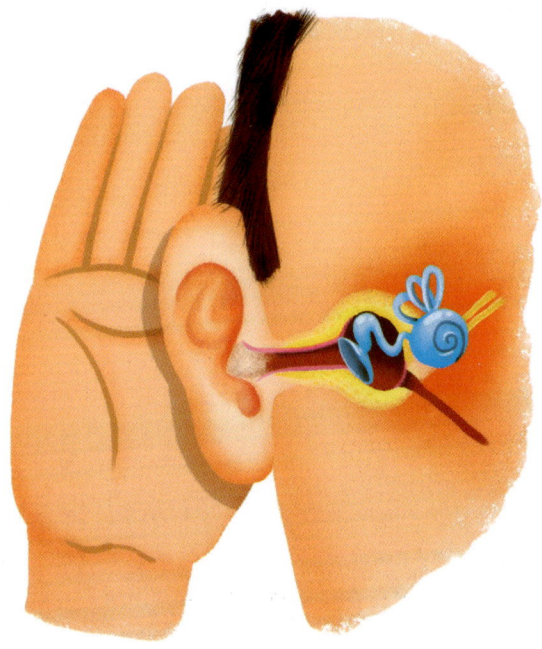

ver. Las ondas sonoras son canalizadas hacia el oído medio, donde se convierten en vibraciones, y viajan al tímpano. De ahí, van hacia la coclea o caracol, la cual se ubica en el oído interno. Luego, las ondas sonoras van al cerebro, el cual pone todo en orden y te dice lo que estás escuchando.

Tu audición es un gran regalo de Dios, pero lo que tú *haces* con aquello que escuchas, es tu regalo para Dios. Jesús lo dijo de esta manera:

> «Por tanto, todo el que me oye estas palabras y las pone en práctica es como un hombre prudente que construyó su casa sobre la roca. Cayeron las lluvias, crecieron los ríos, y soplaron los vientos y azotaron aquella casa; con todo, la casa no se derrumbó porque estaba cimentada sobre la roca. Pero todo el que me oye estas palabras y no las pone en práctica es como un hombre insensato que construyó su casa sobre la arena. Cayeron las lluvias, crecieron los ríos, soplaron los vientos y azotaron aquella casa. Esta se derrumbó, y grande fue su ruina» (Mateo 7:24-27, NVI).

No dejes que tu vida se venga abajo y se derrumbe como la casa del hombre insensato. ¡Escucha a Dios! ¿Cómo? Por medio de la lectura de su Palabra, escuchando a otros enseñarla, y escuchando al Espíritu Santo cuando te recuerda las cosas que Dios ha dicho. ¿Y una vez que hayas escuchado la Palabra de Dios? ¡Haz lo que te dice!

*Señor, ayúdame a escuchar lo que tu Palabra enseña, y dame fuerza y valentía para hacer lo que ella dice.*

## SORPRÉNDETE

Tres huesos componen el oído: el *martillo*, el *yunque* y el *estribo*. Estos son los huesos más pequeños en el cuerpo humano, tan pequeños, que los tres pueden caber sobre un centavo.

## 18

# LLENO DE PODER

**¿Acaso no saben que su cuerpo es templo del Espíritu Santo, quien está en ustedes y al que han recibido de parte de Dios?**
—1 CORINTIOS 6:19, NVI

**Las hormigas son criaturas muy pequeñas, pero pueden levantar 50 veces su propio peso.** El escarabajo rinoceronte puede levantar 100 veces su peso. Eso sería como si una persona levantara algo que pesa unas 9 toneladas.

O piénsalo de esta manera: un oso polar pesa casi media tonelada, sería como levantar 18 osos polares. Más impresionante aún es el escarabajo del estiércol, que puede empujar 1141 veces el peso de su cuerpo, ¡y mejor no pensar acerca de lo que está empujando!

Dios puede depositar muchísimo poder y fuerza en «empaques» muy pequeños. De hecho, Dios ha depositado una cantidad increíble de poder y fuerza dentro de ti. Verás, cuando decides seguir a Dios y convertirte en uno de sus hijos, él deposita su Espíritu —el Espíritu Santo— dentro de *ti*.

## SORPRÉNDETE

Las telarañas de la araña tejedora de Nephila son tan fuertes que la gente en el Pacífico Sur las usa como redes de pesca.

¡Tu cuerpo entonces se convierte en el hogar del Espíritu de Dios! Eso es un regalo indescriptible, pero también una enorme responsabilidad.

Verás, el regalo del Espíritu Santo no fue gratuito. *Dios los compró a un alto precio* (1 Corintios 6:20), y Dios pagó ese precio cuando su Hijo, Jesús, sufrió y murió en la cruz. Como resultado de eso, Dios espera que tú le pongas una atención extra al cuidado de tu cuerpo. Eso incluye comer sano, hacer ejercicio, y tener el descanso suficiente. Es lo contrario a lastimarte consumiendo drogas, alcohol o tabaco. Pero no basta solo con cuidar lo que dejas entrar en tu cuerpo; honrar a Dios también significa no usar tu cuerpo para pecar. Esto significa evitar usar tu boca para el chisme, o dejar a tus ojos ver cosas que no debes ver.

Como un hijo de Dios, tu cuerpo está lleno de poder, fuerza y la presencia del Espíritu de Dios. ¡Pídele ayuda a Dios para que uses tu cuerpo para honrarlo y hacer las cosas que él quiere que hagas!

*Dios, sé que aún soy pequeño, pero también sé que tú puedes usarme en maneras poderosas. ¿Cómo puedo vivir hoy para ti?*

# GRACIA DEL TAMAÑO DEL UNIVERSO

**Por lo tanto, ya no hay condenación para los que pertenecen a Cristo Jesús.**
—ROMANOS 8:1

**Cuando observo las estrellas y pienso en lo inmenso que es el universo —tan inmenso que los científicos ni siquiera han vislumbrado sus límites— me siento un tanto, pues, pequeño.** Pero entonces pienso en lo asombroso que es, y lo aún más asombroso que Dios es. *¡Él lo creó todo!* Y más asombroso aún, es el hecho de que Aquel que creó todo eso, nos ame a ti y a mi.

Las pruebas del amor y la gracia de Dios están en todo nuestro alrededor. Es como si toda la creación de Dios fuera su manera de decirnos «¡te amo!». ¿Te cuesta creerlo? Solo mira lo que hay en el interior de la galaxia Remolino.

Esta galaxia está a unos 30 millones de años luz, y en su interior hay algo conocido como «la Estructura X». Los científicos

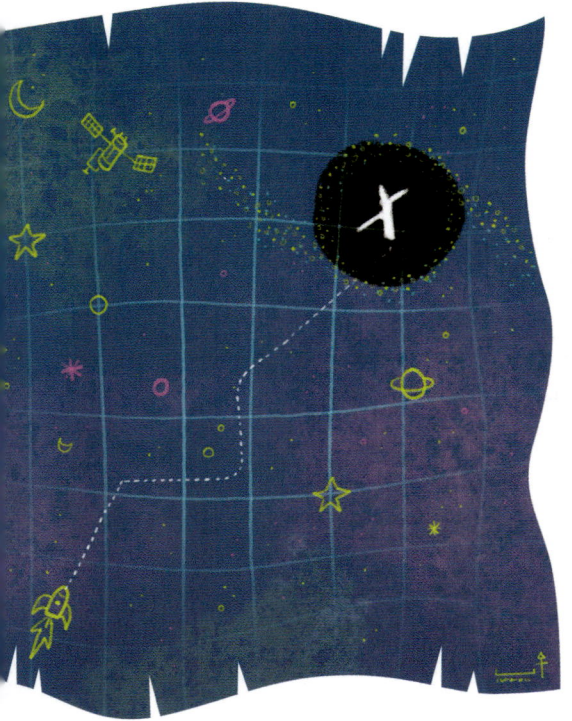

dicen que la X señala el punto exacto de un hoyo negro tan grande, que su tamaño es igual a 1 millón de nuestros soles. Es tan *astronómicamente* inmenso que mide 1100 años luz de lado a lado.

Esto es sorprendente, pero creo que la X marca algo más que solo un enorme hoyo negro. Porque si inclinas tu cabeza solo un poco, esa X se ve exactamente como una cruz, y señala una muestra más del inmenso amor y la gracia de Dios.

Dios envió a Jesús a la Tierra para vivir entre nosotros y morir en una cruz. ¿Por qué? Porque era la única manera en que nuestros pecados fueran perdonados y pudiéramos estar con él. Esto se llama gracia. No importa lo que hayas hecho, qué errores hayas cometido o qué pecados, Dios está listo para perdonarte. Solo necesitas pedírselo. Porque la gracia de Dios no solo es grande; no solo es enorme. ¡Es del tamaño del universo!

*Señor, a veces me siento como si lo hubiera arruinado todo. Gracias, Señor, por tu gracia del tamaño del universo, que me perdona y cubre incluso mis pecados más grandes.*

## SORPRÉNDETE

Un agujero negro, que se forma cuando una estrella está muriendo, es un lugar en el espacio donde la gravedad es tan fuerte que ni la luz puede salir de ahí. Como la luz no puede escapar de los agujeros negros, se hacen invisibles. Los científicos solo pueden verlos utilizando telescopios especiales.

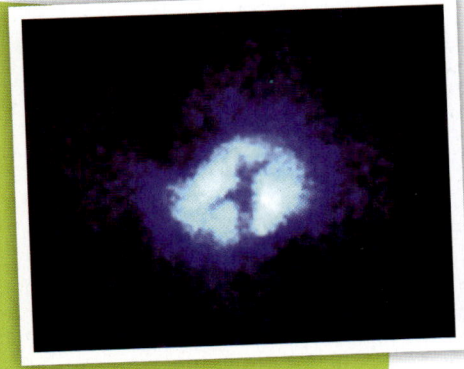

# ESCALAR MONTAÑAS

**Clamé al Señor, y él me respondió
desde su monte santo.
—SALMOS 3:4**

**El monte Everest es el monte más alto del mundo.** Debido a que se eleva a una altura de 8848 metros sobre el nivel del mar (casi 9 kilómetros), necesitarías apilar más de 20 edificios del Empire State —uno de los rascacielos más altos de Estados Unidos— uno encima del otro, para igualar su altura.

Miles de personas han intentado escalar el monte Everest, pero no todos pueden llegar a la cima. El frío y la falta de oxígeno en esas altitudes, hacen que escalar el Everest sea realmente complicado. Los escaladores utilizan experimentados guías llamados *Sherpas* para que les ayuden a saber qué camino seguir y cómo sobrevivir.

¿Alguna vez has sentido que tienes un problema del tamaño del monte Everest? Quizá es un problema en la escuela, en tu casa, una enfermedad o simplemente algo que no sabes cómo manejar. La buena noticia es que tienes un guía para ayudarte a superar ese problema —Dios— y él tiene el récord de ser el mejor «escalador» del mundo. De hecho, la Biblia dice que él conoce cada uno de los «montes» a los que tendrás que hacer frente en tu vida, y él sabe la mejor manera de «escalarlos». Él te va a mostrar cuál camino seguir, y te dará todo lo que necesites para sobrevivir. Solo pídeselo; una sencilla oración es lo único que necesitas. Dios va a responder; a través de la Biblia, a través del consejo de un amigo o maestro confiable, a través de su voz susurrando a tu corazón. Confíale a Dios tus problemas, y él te guiará a la cima.

*Señor, a veces mis problemas se ven tan grandes como el monte Everest. Gracias por siempre estar a mi lado para guiarme cuando necesito ayuda, incluso cuando pienso que no.*

## SORPRÉNDETE

Mauna Kea

El monte Everest alcanza el punto más alto de cualquier montaña sobre la Tierra, pero aun así no es el más alto. Mauna Kea, un volcán inactivo en Hawái, es la montaña más alta del mundo. Solo alcanza 4205 metros sobre el nivel del mar, pero se extiende casi 6100 metros debajo del agua. Su altura total, desde su base al fondo del océano hasta su cima, ¡es de 9966 metros!

# ALGUIEN TE OBSERVA

**Él no permitirá que tropieces; el que te cuida no se dormirá. El Señor te protege al entrar y al salir, ahora y para siempre.**
**—SALMOS 121:3, 8**

**¿Has escuchado alguna vez el dicho: «Alguien te observa»?** Bueno, cuando ves la nebulosa Reloj de Arena, ¡puedes decir que es cierto! Es como si el ojo de Dios nos estuviera observando a ti y a mí.

Ubicada a unos 8000 años luz de la Tierra, la nebulosa Reloj de Arena se formó de una estrella que estaba muriendo. La estrella expulsó algunas de sus capas externas, lanzó estos materiales al espacio sobre los vientos estelares y tomaron el aspecto de un reloj de arena. Eso es lo que los científicos dicen, pero si tú me preguntas, la nebulosa Reloj de Arena se ve ¡como un ojo gigantesco flotando en el espacio! Y eso me recuerda que Dios siempre está velando por nosotros.

Algunas personas creen que el hecho de que Dios nos observe constantemente es algo malo. Piensan que Dios solo está esperando que nos equivoquemos para «atraparnos». ¡Nada más lejos de la verdad! Claro que Dios ve cuando pecamos; después de todo, él ve y sabe todo, incluso antes de que lo pensemos o lo hagamos. Pero la realidad es que nada de lo que hagamos logrará que Dios nos ame más, y ningún pecado que cometamos hará que Dios nos ame menos.

Dios siempre nos está observando —no para castigarnos— sino para protegernos y ayudarnos. Él nunca se cansa y nunca duerme. Él siempre está listo para ayudarnos y siempre tiene tiempo para escucharnos, ¡no importa la hora que sea! Pídele a Dios que te guíe y que vele por ti. De todas maneras, él nunca duerme.

> **Dios, tú sabes todas las cosas y sabes todo sobre mí. Tú siempre me ves, y nunca dejas de protegerme y guiarme. Tú me amas y quieres ayudarme, ¡y eso me asombra, Dios! Es tan asombroso que es... ¡Indescriptible!**

## SORPRÉNDETE

En el siglo octavo, un monje francés llamado Liutprando inventó el primer reloj de arena. Este daba la hora a través de la caída de la arena de una parte del reloj a la otra. Desde el siglo XIV los marineros usaban relojes de arena para determinar la hora, ya que las olas del mar no los afectaban.

# ILUMINAR EL MUNDO

**Hagan brillar su luz delante de todos, para que ellos puedan ver las buenas obras de ustedes y alaben al Padre que está en el cielo.**
— MATEO 5:16, NVI

**Si alguna vez has visto las *auroras boreales*, ¡entonces sabes que Dios puede hacer un show de luces como nadie más!** Las auroras boreales son coloridas y brillantes luces que danzan a través del cielo en el Polo Norte. Son causadas cuando las veloces partículas del Sol (llamadas viento solar) golpean los campos electromagnéticos que rodean y protegen a la Tierra de los rayos más dañinos del Sol. Cuando esas partículas chocan con los átomos de gas en nuestra atmósfera, esos gases brillan y crean asombrosos espectáculos de luces. Estas luces son tan intensas, que pueden ser observadas desde el espacio.

> ### SORPRÉNDETE
> Los colores de las auroras boreales se forman cuando los vientos solares chocan con diferentes gases en la atmósfera. El amarillo, rojo y verde, resultan de esos choques con el oxígeno. Violeta y azul se forman del choque de los vientos solares con el nitrógeno.

Un espectáculo tan asombroso solo puede ser creado por un Dios igualmente asombroso. Y el propósito principal de ese espectáculo de luces es decirnos cuán grande y glorioso es nuestro Dios.

Pero el cielo no es lo único que Dios usa para hablarnos de su grandeza y gloria. Dios hace brillar la luz de su amor en nuestras vidas y nos hace brillar en amor por él y por los demás. Él nos llena con su luz para un gran propósito: brillar en este mundo y mostrarle a los demás cómo seguirlo.

¿Cómo reflejamos la luz de Dios? Dios lo dijo de esta manera: «Líbrense de toda amargura, furia, enojo, palabras ásperas, calumnias y toda clase de mala conducta. Por el contrario, sean amables unos con otros, sean de buen corazón, y perdónense unos a otros, tal como Dios los ha perdonado a ustedes por medio de Cristo» (Efesios 4:31-32). ¡Cuando vivas de esta manera, seguramente iluminarás el mundo!

*Dios, ilumina mi vida con la luz de tu amor. Ayúdame a brillar con tu luz para este mundo.*

# DESCANSAR BAJO LA SOMBRA

**El Señor es quien te cuida, el Señor es tu sombra protectora.**
—SALMOS 121:5, NVI

**A más de 28 millones de años luz de distancia está un sombrero gigante.** Bueno, en realidad es una galaxia que se parece a un sombrero. Esta apariencia tan inusual se debe a un anillo de polvo oscuro que está a su alrededor y un bulto de miles de millones de estrellas brillantes en su centro. Los científicos creen que hay un hoyo negro extremadamente grande —con una masa igual a mil millones de soles— en el centro del «sombrero».

La palabra *sombrero* viene de *sombra*. En México, el borde de un sombrero puede medir ¡hasta 60 centímetros! Eso es mucha sombra, pero es necesaria. La sombra que da el sombrero trae alivio indispensable a quienes trabajan expuestos al calor abrumador del sol.

En ocasiones, seguir a Jesús puede sentirse como estar trabajando afuera, en el calor abrasador. Es que este mundo no siempre quiere escuchar acerca de Dios, y cuando tratas de hablarles a los demás de Cristo, se «sube la temperatura». Quizá se burlen de ti por creer en Dios; tal vez te digan que no puedes orar en ciertos lugares o en determinados momentos, o incluso que no puedes hablar sobre Dios. Y a veces, tu vida puede ser difícil, como cuando alguien a quien amas se enferma, o tu mascota se muere, o estás estresado con tus deberes escolares, o parezca muy difícil hacer amigos.

En ocasiones lo que necesitamos es solo poder descansar un momento bajo la sombra. Y Dios quiere ser tu sombra, y él te da más protección que el más grande de los sombreros. Toma tiempo para hablar con Dios y descansar en su presencia. Él te protegerá y te dará el descanso que necesitas; solo así podrás salir y hacerle frente al «calor» de este mundo.

*Señor, quiero contarle al mundo acerca de ti, pero es difícil cuando las personas no quieren escuchar. A veces, las cosas difíciles de la vida me cansan y entristecen. Ayúdame a descansar en tu sombra para que pueda volver a salir y contarle a más personas acerca de ti.*

## SORPRÉNDETE

El sombrero hizo su primera aparición en el siglo XV y estaba hecho de fieltro o paja. Se hizo más popular en España, México y el suroeste de Estados Unidos. Más tarde fue adoptado por rancheros y exploradores en Estados Unidos. Con el tiempo fueron modificando el sombrero mexicano hasta producir el típico sombrero de «vaquero» moderno.

# TODA LA CREACIÓN CANTA

**¡Alaben al Señor desde los cielos! […] ¡Alábenlo, todas las estrellas brillantes! […] Alaben al Señor desde la tierra, ustedes, criaturas de las profundidades del océano.**
—SALMOS 148:1, 3, 7

**Todos sabemos que las estrellas titilan y brillan.** ¿Pero sabías que también cantan? Toda la noche —y todo el día— ellas cantan alabanzas al que las colocó en el cielo y las conoce por nombre.

Sabemos que las estrellas cantan porque los científicos han dedicado mucho tiempo a escuchar los cielos; han dirigido radiotelescopios hacia las estrellas para captar sus sonidos. Una estrella en particular, el pulsar de Vela, se encuentra a unos mil años luz de distancia. Se formó al explotar una supernova, y luego colapsó con tanta fuerza, que ahora rota 11 veces por segundo sobre su eje. (Si eso no te impresiona, ¡tú intenta girar 11 veces por segundo!) Conforme la estrella gira, emite una radiofrecuencia: un sonido rítmico, como de un tambor, que no para. ¡Y eso es solo una estrella!

> **SORPRÉNDETE**
>
> Algunas estrellas producen un sonido uniforme y rítmico. Otras cantan como violines. Si quieres escuchar el canto de las estrellas, pídele a tus papás que te ayuden a buscar alguna grabación en internet.

No solo las estrellas cantan, sino que toda la Tierra está en sinfonía. Los árboles aplauden, las montañas cantan y todos los animales claman; desde el trinar de los pájaros hasta los cantos de las ballenas reverberando por los océanos:

Nuestro Dios es asombroso y sorprendente.

Nuestro Dios es poderoso más allá de nuestra imaginación.

¡Nuestro Dios es *indescriptible*!

Toda la creación canta alabanzas a Dios porque él es su Creador. Pero hay algo en ti que es diferente del resto de la creación: *Dios te creó a Su imagen*. Dios te diseñó para que fueras como él, así que tienes mucho más de qué cantar que las estrellas. ¡Añade hoy tu voz a la sinfonía de Dios!

*Señor, eres tan asombroso. Quiero unir mi voz al canto de tu creación. Te alabo por quien eres y por todo lo que has hecho. ¡Tu creación es increíble!*

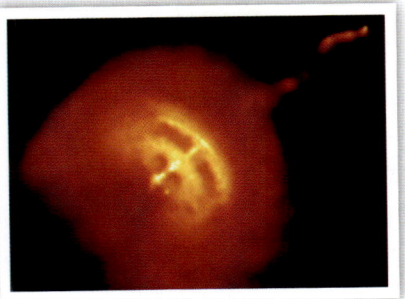
El pulsar de Vela

# ¿DEMASIADO OCUPADO?

**Cuando llegó el séptimo día, Dios ya había terminado su obra de creación, y descansó de toda su labor.**
—GÉNESIS 2:2

**Las abejas se mantienen ocupadas.** Muy, ocupadas. Solo para volar, las abejas tienen que batir sus alitas 200 veces por segundo: es lo que produce su *zzzumbido*. Las abejas trabajadoras son las más ocupadas de todas; ellas son las encargadas de salir a buscar polen y néctar, lo cual luego convierten en miel. Los «entomologistas», una palabra muy larga para decir «expertos en insectos», han encontrado que estas abejas hacen 12 viajes de recolección al día.

Una abeja visitará entre 50 y 100 flores en cada viaje. Estas abejas tan ocupadas trabajan sin parar desde el amanecer hasta el atardecer, y cuando necesitan un descanso, ¡se toman una siesta de 30 segundos! Las abejas trabajadoras tienen vidas muy cortas, pero increíblemente productivas: el promedio de las abejas trabajadoras vive solo de tres a seis semanas.

Por supuesto que trabajar es algo bueno; jugar también lo es, y estar ocupado también es algo bueno. Pero también descansar es algo bueno. Tu cuerpo *necesita* descansar. Cuando estás dormido, tu cerebro se prepara para el día siguiente, ordenando pensamientos y almacenando aquello que quieres recordar. Al dormir tu cuerpo también sana, y repara tu corazón y sus vasos sanguíneos, para mantenerte en óptimas condiciones. Y cuando eres niño, mientras duermes tu cuerpo produce una hormona que te ayuda a crecer. Cuando no duermes lo suficiente, no piensas con claridad y tu cuerpo no trabaja tan bien como debiera. Aunque Dios nunca se cansa (Salmos 121:4), él tomó tiempo para descansar después de crear el mundo. Lo hizo para enseñarnos que descansar es importante. Así que, sí, vé y ocúpate como las abejas, ¡pero asegúrate que también descansas lo suficiente!

*Señor, entiendo que hay tiempos para ocuparse y tiempos para descansar. Enséñame a trabajar y descansar para tu gloria.*

Panal de abejas

## SORPRÉNDETE

La miel es en ocasiones llamada una comida «milagro». Esto es porque contiene casi todos los nutrientes necesarios para la vida, y no se echa a perder por años, incluso miles de años. De hecho, arqueólogos han encontrado recipientes llenos de miel en tumbas egipcias antiguas, ¡y todavía se puede comer!

## 26
# BRILLA

**Entre ellos brillan ustedes como estrellas en el mundo, manteniendo firme el mensaje de vida.**
—FILIPENSES 2:15-16, DHH

**Se habla mucho de la luz de Luna y cómo alumbra la noche.** Pero, en realidad, no existe tal cosa como la luz de Luna. La Luna no brilla por sí sola; más bien, cuando está en la posición correcta, refleja la luz del Sol. El Sol es la verdadera estrella de la función; él da luz, lo que significa que es *luminoso*. Pero la Luna es *iluminada*, lo que significa que ella ilumina al reflejar la luz del Sol.

La gente es muy parecida a la Luna. ¿Qué? ¿*Redonda y espacial*? No exactamente. Pero, así como la luz del Sol se refleja en la oscuridad cuando la Luna está en el lugar correcto, la luz de Dios se refleja en este mundo oscurecido por el pecado cuando tú estás en el lugar correcto. Estar en el lugar correcto es seguir a Jesús. Cuando sigues a Jesús, reflejas su luz —su amor, su bondad, su gracia, su amabilidad y su poder— a la vida de aquellos que te rodean. ¡Brillamos al simplemente permanecer cerca de él, la Luz del mundo!

Pero, ¿cómo? No es difícil, aunque sí requiere un poco de práctica. Estudia su Palabra, la Biblia; escucha a aquellos que la enseñan; y habla con Dios en oración cada día. Tus oraciones no necesitan ser «elegantes», largas ni elocuentes. Di «gracias», cada vez que veas una bendición de Dios. Dile a Dios que lo amas. O simplemente susúrrale: «No sé cómo hacer esto, Señor, ayúdame». Cuando vivimos así, reflejamos a Jesús al mundo.

## SORPRÉNDETE

El 21 de julio de 1969, Neil Armstrong se convirtió en el primer hombre en caminar sobre la Luna. Él era parte de la misión espacial Apolo 11, de la NASA. Se salió de su nave, el Águila, y dijo: «Un pequeño paso para el hombre, un gran paso para la humanidad». Y como en la Luna no hay viento, ¡sus huellas aún siguen ahí!

*Señor, ayúdame a mantenerme cerca de ti, para que tu luz siempre brille sobre mí. Ayúdame también a reflejarla al mundo que me rodea.*

# LA TIERRA SE MUEVE... ¡BAJO MIS PIES!

**Jesucristo es el mismo ayer, hoy y siempre.**
—HEBREOS 13:8

**¿Alguna vez has sentido la Tierra moverse bajo tus pies, aunque no estuvieras bailando?** Si sí, ¡puedes haber sentido un terremoto!

Pensamos que la Tierra es sólida y firme, pero en realidad está constantemente moviéndose. Los continentes y los océanos de nuestro planeta reposan sobre placas tectónicas que «flotan» sobre el magma debajo de la superficie.

Las placas se mueven y cambian de posición; a veces se golpean unas con otras, y en ocasiones se separan. Una placa puede deslizarse encima de otra, o dos placas pueden chocar entre sí. Cuando esto ocurre, crea una gran fuerza que causa que la tierra tiemble y se quiebre. Les llamamos terremotos. Los terremotos pueden causar derrumbes, tsunamis e inundaciones; pero también pueden causar que se formen montes o valles. Un terremoto muy fuerte puede sentirse como estar en una montaña rusa fuera de control, ¡pero mucho más aterrador!

## SORPRÉNDETE

¿Sabías que cada año hay aproximadamente 500 000 terremotos medibles? Unos 100 000 se pueden sentir, pero solo unos 100 causan daños importantes.

Muchas veces la vida se siente como si estuviéramos atrapados en una montaña rusa. Un minuto todo está perfecto y te sientes en la cima; pero al siguiente, un desastre te golpea y vas de bajada a una velocidad aterradora. Aunque tu vida está en constante cambio, Dios nunca cambia. Él está constantemente obrando a favor de lo que es mejor para ti. Sea que vayas subiendo a la cima, o en una parte plana, o en plena caída al fondo, Dios siempre te sostiene fuertemente. Él utiliza las subidas y bajadas de esta montaña rusa de vida que vivimos para crear montañas de fe y valles de descanso, ajustando el rumbo de tu vida en él.

*Dios, cuando todo a mi alrededor parece una loca montaña rusa, me siento muy agradecido de saber que tú estás conmigo. Mantenme siempre atado a tu amor.*

# TESOROS QUE PERDURAN

**No almacenes tesoros aquí en la tierra […]. Almacena tus tesoros en el cielo.**
—MATEO 6:19-20

**Es muy fácil mirar nuestro mundo y pensar:** *¡Vaya! ¡Este lugar es inmenso!* Y comparado con nuestro tamaño, la Tierra *es* enorme. ¿Pero qué tal comparado con el resto del universo? Bueno, no es tan grande después de todo.

Aquí hay algunos datos para ti: imagina que nuestro Sistema Solar completo (eso incluye la Tierra, el Sol, la Luna, los otros siete planetas y sus lunas) fuera del tamaño de una moneda. Eso haría que la Tierra fuera un polvo microscópico.

La estrella más cercana, la Próxima Centauri, sería otra moneda, como a dos canchas de fútbol de distancia. Si comparáramos nuestro Sistema Solar con la Vía Láctea, sería como poner una moneda en Estados Unidos. Y eso comparado con una sola galaxia. Los científicos creen que hay miles de millones de otras galaxias en el universo.

Con esa perspectiva, la Tierra parece algo microscópico. Y todas esas *cosas* que queremos —el último aparato electrónico, la ropa más *genial*— de pronto pierden su importancia, porque son realmente pequeñas comparadas con la grandeza del universo que Dios ha creado. Los «tesoros» que podemos conseguir en la Tierra, no duran, no permanecen.

Pero hay cosas que sí duran, y cosas que —incluso comparadas con la grandeza del universo— sí son importantes. Son los tesoros celestiales que vienen de conocer y seguir a Dios: amor, gozo, paz, paciencia, amabilidad, bondad, fe, mansedumbre y dominio propio. Entonces, la próxima vez que te

encuentres preocupado por cosas terrenales, recuerda cuán pequeñas son en realidad esas cosas, y mejor enfócate en los tesoros celestiales.

*Señor, cuando me encuentre queriendo más y más cosas, recuérdame lo que es realmente importante y que durará para siempre. Ayúdame a enfocarme en enriquecerme con tesoros celestiales, los cuales vienen por seguirte a ti.*

Gran Telescopio Canarias

## SORPRÉNDETE

Cuanto más grande es el espejo de un telescopio, ¡más lejos podemos ver! El telescopio terrestre más grande es el Gran Telescopio Canarias, en las Islas Canarias, con un espejo de 10 metros de superficie. Recientemente descubrió ¡un halo de estrellas a 500 millones de años luz de distancia! El telescopio Hubble puede ver aún más lejos porque está en el espacio. Tiene un espejo de 2,4 metros, y ha fotografiado galaxias ¡a miles de millones de años luz de distancia!

# HIJO DE PODER

**Jesús se acercó y dijo a sus discípulos: «Se me ha dado toda autoridad en el cielo y en la tierra».**
**—MATEO 28:18**

**Si has estado sin comida por algunos días, te habrás dado cuenta de que era difícil hacer algo tan sencillo como levantar tus brazos.** ¿Por qué? Porque la energía que nos dan los alimentos es lo que permite que nuestros cuerpos funcionen. No comer es no tener energía, ni poder mover nuestros brazos.

Las plantas necesitan comida también. El alimento de una planta —su energía— proviene del sol. De hecho, el sol es la fuente de energía y poder de todo cuanto hay en la Tierra. Le da calor a nuestro planeta, interviene en el clima, y mueve las olas y corrientes de los océanos. La vida en la Tierra sería imposible sin el sol.

Por cada segundo de cada minuto de cada día, el sol convierte casi 700 millones de toneladas de hidrógeno en helio, y la mayor parte de eso se vuelve energía. Sorprendentemente, recibimos más energía del sol en una hora, ¡que la energía que necesitamos para cargar todos los dispositivos de nuestro planeta por un año!

Hay alguien cuyo poder es verdaderamente indescriptible: Jesús, el Único Hijo de Dios. Jesús tenía el poder para hacer lo imposible: sanar enfermos, dar vista a los ciegos, resucitar a los muertos, y detener tormentas. Por el poder de Jesús y porque él dio su vida por nosotros, recibimos el perdón de nuestros pecados, la posibilidad de hablar con Dios, y el regalo de una vida eterna con él. Y con su poder, Jesús nos ayuda a hacer aquello que nos parece imposible: perdonar a quienes nos han lastimado, amar a nuestros enemigos, y hacer lo correcto, aun si nadie más lo hace.

¡Ese es el poder del Hijo de Dios y brilla más fuerte que millones de soles!

*Jesús, en ocasiones hacer lo correcto parece imposible. Pero yo sé que tú me ayudarás con tu poder. Gracias por hacer posible lo imposible.*

## SORPRÉNDETE

Usualmente pensamos que nuestra energía proviene de combustibles fósiles, como petróleo y gasolina. Usamos la energía que proviene de combustibles fósiles para hacer funcionar nuestros vehículos, calentar o refrescar nuestras casas, y calentar nuestras estufas para cocinar. Pero estos combustibles en realidad son una forma secundaria de energía solar. Esto es porque el combustible fósil consiste de plantas que se han descompuesto con el tiempo; pero incluso estas plantas vivieron gracias a la energía del sol.

# EL FACTOR ASOMBRO

**Hagan lo que hagan, trabajen de buena gana, como para el Señor y no como para nadie en este mundo.**
**—COLOSENSES 3:23, NVI**

**Deja este libro solo por un minuto y echa una mirada a través de la ventana.** Sea que estés en el campo o la ciudad, que sea de día o de noche, la creación de Dios te rodea. Hay cosas grandes, inmensas, indescriptiblemente sorprendentes como el Sol, la Luna, la Vía Láctea, y millones y millones de otras maravillas en el universo. Y también están las maravillas de esta Tierra, como las imponentes montañas, los inmensos mares y los rugientes leones.

Dios ciertamente ha creado cosas increíbles, e increíblemente grandes. Pero hoy, demos un vistazo a las pequeñas cosas. Examina la hoja de un árbol, las delicadas alas de una mariposa, o la perfección de una telaraña. Levanta tu mano y traza las líneas de tus huellas digitales, esas huellas que Dios te dio a ti, y solo a ti. Dios no solo nos asombra con las cosas enormes que ha creado; también nos asombra con la atención que le da a las pequeñas cosas.

Y Dios quiere que hagas lo mismo. Él es un excelente Creador, y puedes honrarlo haciendo todo con excelencia. No solo des tus mejores esfuerzos en los proyectos grandes, en los juegos grandes, en los grandes exámenes. No trabajes duro solo cuando alguien te está observando. Da tu mejor esfuerzo, incluso en lo cotidiano, desde limpiar tu recámara, hasta estar en la banca en tu juego deportivo. Da lo mejor de ti en todo, incluso si nadie lo valora. Dios siempre lo valora. Haz todas las cosas como para Dios, ¡porque tu trabajo lo honra a él! Eso es lo que Dios llama ser fiel en las cosas pequeñas. Y cuando eres fiel en lo pequeño, Dios sabe que puede confiarte cosas grandes también (Lucas 16:10).

Señor, ayúdame a honrarte en la manera en que te sirvo en todas las cosas —las grandes y las pequeñas— así como en aquellas que nadie más notará. Gracias por la atención que le prestas a lo grande y a lo pequeño.

## SORPRÉNDETE

Algunos datos fascinantes de las mariposas: las mariposas prueban los sabores con sus patitas. A un conjunto de mariposas se le llama *caleidoscopio*. La mariposa hespérido es tan veloz, que puede superar a un caballo. Y aquí hay otro dato un poco asqueroso: muchas mariposas adultas nunca hacen popó, usan todo lo que comen como energía.

# CUANDO LAS ESTRELLAS MUEREN

**Jesús dio otra vez un fuerte grito, y murió. En aquel momento el velo del templo se rasgó en dos, de arriba abajo.**
—MATEO 27:50-51, DHH

**Las estrellas nacen, y también mueren.** Solemos pensar en la muerte como algo desagradable, pero cuando una estrella muere, es en realidad hermoso. Las estrellas son básicamente grandes bolas de gas. Cuando ese gas se quema, la estrella muere. Las estrellas más pequeñas se contraen y se convierten en *enanos blancos*. Con el tiempo dejan de brillar por completo y se vuelven *enanos negros*. Las estrellas más grandes producen hierro conforme se queman. El hierro absorbe la energía de la estrella como una esponja, hasta que explota convirtiéndose en una supernova, algo espectacularmente hermoso.

Cuando Jesús murió en la cruz, su sufrimiento debe haber sido lo más horrible, y lo más hermoso también. *¿Hermoso? ¿Cómo pudiera haber sido hermosa la muerte de Jesús?* Lo que la hizo hermosa fue la razón por la que Jesús murió.

Jesús eligió morir para salvarnos de nuestros pecados. Jesús —la estrella brillante del cielo— murió en una supernova de gracia tan grande, que el velo del templo se rasgó en dos. El velo que separaba a la gente de Dios, se rompió de arriba abajo, porque Dios extendió su mano desde el cielo y la rasgó en dos. Y a causa de la muerte de Jesús, tú y yo podemos estar delante de Dios con todos nuestros pecados lavados por la santidad de Jesús. Y tú y yo —y todos los que eligen seguirlo— pasaremos una eternidad en el cielo con él. Ahora, eso es verdaderamente hermoso.

> **Jesús, gracias por sufrir en la cruz por mis pecados. Es difícil creer que hiciste eso por amor a mí. Gracias por tan hermoso regalo. Ayúdame a hacer de cada día una alabanza a ti.**

## SORPRÉNDETE

Antes de que Jesús muriera en la cruz, la cortina del templo separaba a las personas del lugar santísimo, donde estaba la presencia de Dios. Como la gente era pecadora, no podían estar en la presencia de Dios. Solo una vez al año el sumo sacerdote podía entrar detrás de la cortina, y esto después de haber realizado muchos rituales de purificación y sacrificios por los pecados de la gente. Los estudiosos creen que la cortina medía 18 metros de altura, 9 de ancho, y unos 10 centímetros de grueso, ¡una cortina que solo Dios podría romper!

# LA BELLEZA INTERIOR

**Dios, quien comenzó la buena obra en ustedes, la continuará hasta que quede completamente terminada el día que Cristo Jesús vuelva.**
**—FILIPENSES 1:6**

**Estalactitas.** Estalagmitas. Una crece hacia arriba y la otra hacia abajo. ¿Pero cuál es cuál? Aquí hay un truco: hay una «c» en *estalactita*, que es la que crece desde el cielo (techo).

Las estalactitas y estalagmitas son formaciones que crecen dentro de las cuevas de piedra caliza. Cuando el agua fluye a través de las cuevas, disuelve la calcita (un mineral de la piedra caliza) y lo lleva a través de las grietas en el techo. El agua gotea hacia abajo y deja en su trayecto pequeños depósitos de calcita. Después de años de estar goteando, la calcita se acumula en el techo y la estalactita se forma lentamente, pareciendo un pico de hielo rocoso.

Conforme el agua gotea de la estalactita al suelo de la cueva, más calcita se acumula en el piso. Esto de a poco se convierte en una estalagmita. Es por esto que ambas formaciones suelen encontrarse juntas. Algunas veces incluso crecen juntas y forman una sola columna. Estas formaciones ocultas pueden ser asombrosamente bellas, y me pregunto cuántas de ellas nadie ha visto, por estar en cuevas que aún no se han descubierto.

Escondidas en el interior de la Tierra, estas asombrosas creaciones de Dios se forman lentamente a lo largo de muchos años. De un modo similar, Dios está creando algo muchísimo más sorprendente y hermoso dentro de ti. Día por día, momento a momento, experiencia tras experiencia, Dios está formando y moldeando tu corazón, para que sea igual que el suyo. Es un trabajo que lleva tiempo, toda tu vida, de hecho. Pero no te preocupes, Dios es paciente, y él ha prometido que seguirá trabajando en ti hasta que seas hecho perfecto en el cielo.

*Gracias Dios por ser paciente conmigo. Y cuando me equivoco, ayúdame a recordar que tú aún estás trabajando en mí.*

Cueva de Cristales

## SORPRÉNDETE

Descubierta por accidente, la Cueva de Cristales yace 300 metros debajo de la Mina Naica, en el desierto de Chihuahua, México. Es un lugar mágico y mortífero. La temperatura dentro de la Cueva de Cristales puede elevarse hasta 48 grados centígrados, con humedad del 90 %; una persona pudiera morir ahí dentro en espacio de 30 minutos, al no tener un traje de protección especial. Dentro de la caverna, la cual mide lo que un campo de fútbol, enormes torres de brillantes cristales de yeso blanco brotan como hielos de las paredes, el piso y el techo, haciéndola ver como un verdadero palacio de hielo.

# EL CABALLITO DE MAR

**Espero al Señor, lo espero con toda el alma;
en su palabra he puesto mi esperanza.**
—SALMOS 130:5, NVI

**El caballito de mar (o el Hipocampo, para ser más científico), es un pequeño pez que vive en el océano.** Se le llama caballito de mar porque su cabeza parece la cabeza —sí, adivinaste— de un pequeño caballito. Esta inusual criatura suele nadar con otro caballito de mar, y unen sus colas para mantenerse juntos. También nada «de pie», e intenta mezclarse con las plantas cercanas para evitar ser comido.

Por la forma de su cuerpo, el caballito de mar no es muy buen nadador. Así que, en lugar de salir en búsqueda de comida, usa su cola como ancla para sujetarse a un pedazo de hierba marina o coral. Entonces espera que la comida —plancton y diminutos crustáceos— floten por ahí para absorberlos con sus largos hocicos.

Con su pobre capacidad de nadar y su tendencia a permanecer en un mismo lugar, el caballito de mar no ganaría ninguna carrera. Pero Dios le ha dado todo lo que necesita: una forma de obtener comida, alguien con quien nadar a través de la vida, y algo a que sujetarse. Dios te promete lo mismo. La Biblia dice: «Así que mi Dios les proveerá de todo lo que necesiten, conforme a las gloriosas riquezas que tiene en Cristo Jesús» (Filipenses 4:19, NVI). Dios te provee techo y comida, te ha dado a Jesús para que «nades» con él a través de la vida, y las promesas de su Palabra para tener a que sujetarte. Como el caballito de mar, quizá algunas veces tendrás que aferrarte y esperar a que Dios cumpla sus promesas, pero él siempre lo hará, y será en el momento perfecto.

*Ayúdame, Señor, a esperar en tu tiempo perfecto. Y mientras espero, enséñame a vivir de la manera que tú quieres. ¡Yo te voy a seguir!*

## SORPRÉNDETE

Los caballitos de mar son de los pocos animales donde el macho es quien carga a los hijos en lugar de la hembra. La hembra deposita los huevos —a veces cientos de ellos— en una bolsita en la panza del caballito de mar. La bolsita es muy parecida a la de los canguros. Los huevos permanecen ahí unos 45 días, hasta que nacen los caballitos bebé. Un caballito de mar bebé es apenas del tamaño de un frijol y debe comenzar a conseguir su propio alimento desde el momento en que nace.

# JUGO DE ESCARABAJOS

**Acérquense a Dios, y Dios se acercará a ustedes.**
—SANTIAGO 4:8

Betelgeuse, cuya pronunciación en inglés suena igual a decir «jugo de escarabajos», suena como un asqueroso jugo de Halloween, ¿verdad? Pero en realidad no es eso, sino una estrella. Pero no una estrellita titilando en el cielo, sino una estrella espectacular que está a aproximadamente 640 años luz de la Tierra. Recuerda, un año luz es la distancia que viaja la luz en un año, ¡9,5 billones de kilómetros! Multiplica eso por 640 y... bueno... solo digamos que la Betelgeuse está más lejos de lo que cualquiera de nosotros pudiera imaginar. Y es tan grande, que 262 billones de Tierras podrían caber en esta estrella masiva.

Pero la Betelgeuse no es la estrella más grande de la que tenemos conocimiento. La Mu Cephei, que está a 3000 años luz, es otra. Es una inmensidad de estrella. Más de 2,7 trillones de Tierras podrían caber en la Mu Cephei. Por cierto, ¡un trillón es un 1 seguido de 18 ceros! Es una estrella muy grande, pero ¿sabes qué es lo asombroso? Que incluso estrellas más grandes existen en nuestro universo, y sabemos que Dios hizo billones más que aún no hemos descubierto.

Para crear estrellas así de grandes, y colocarlas a la distancia que están de nosotros, Dios debe ser muchísimo más grande de lo que pudiéramos imaginar. Pero a diferencia de las estrellas que Dios ha creado y colocado en el cielo, él no está lejos de nosotros. De hecho, *¡está justo a tu lado!* Él está contigo, y está en todas partes al mismo tiempo. A esto se le llama ser *omnipresente*. Es una cualidad única que solo Dios tiene, una cualidad que lo hace *indescriptible*.

Jesús prometió en Mateo 28:20 (NVI): «Les aseguro que estaré con ustedes siempre». Lo único que tienes que hacer es invocar su nombre y él se acercará a ti aun más, para amarte, ayudarte, cuidarte. ¡Así de indescriptible y sorprendente es Dios!

*Dios, a veces me siento muy pequeño en este universo tan gigante que has creado. Pero me encanta saber que soy tan importante para ti, que siempre estás justo a mi lado.*

## SORPRÉNDETE

Algunos números, como el trillón, son tan grandes que son difíciles de entender. Piénsalo así: 1 millón de segundos es igual a 12 días. Mil millones de segundos es alrededor de 32 años. 1 billón de segundos es aproximadamente 30 mil años. ¿Y 1 trillón de segundos? ¡Eso es igual a 31 709 791 983 años!

## 35

# ¿UN MILAGRO? ¡SÍ, ESO ERES TÚ!

**Y Dios creó al ser humano a su imagen; lo creó a imagen de Dios. Hombre y mujer los creó.**
—GÉNESIS 1:27, NVI

**¿Sabías que eres un milagro?** ¡Es verdad! Eres un alocado y sorprendente milagro. Incluso al ser tan pequeñito comparado con este enorme universo, has sido creado a la imagen de Dios. ¡Así es! El Dios que sopla ardientes y feroces estrellas y las coloca en el cielo, es el mismo Dios que te formó y te creó. Fuiste formado de una manera «asombrosa y maravillosa» (Salmos 139:14).

Comenzaste en el vientre de tu mamá cuando Dios creó una guía única, nunca antes vista, de cómo te formaría. Imagínalo como los planos que usan los constructores para construir un edificio. Tu plano se llama ADN (ácido desoxirribonucleico), y contiene toda la información sobre cómo eres y funcionas, desde el color de tus ojos y cabello, hasta la forma de las uñas de tus pies. Tu ADN describe exactamente cómo Dios quiso que fueras, y no hay ni jamás habrá otro código de ADN como el tuyo. En toda la historia de la humanidad, pasada y futura, solo hay un *tú*.

Los científicos han descubierto que el código de ADN de Dios para ti tiene 3 mil millones de caracteres (un *carácter* es como una letra o un número). Y este código de ADN está plantado dentro de cada célula de tu cuerpo, así que cada célula funciona y crece de acuerdo al mismo plan maestro. Tu cuerpo tiene 37,2 billones de células, y cada una de ellas sigue el gran y perfecto diseño de Dios para hacerte exactamente tal y como Dios planeó que fueras, ¡desde antes que nacieras! Tu cabello, tus ojos, tu sonrisa, todo

es exactamente como Dios diseñó que fuera. Un sorprendente y maravilloso milagro llamado... *tú*.

*Dios, cuando empiezo a sentir que no soy nadie especial, recuérdame quién realmente soy, ¡un maravilloso milagro creado por ti!*

## SORPRÉNDETE

Tu código de ADN es tan largo, que si el código de solo una célula se extendiera, ¡mediría 2 metros! Si extendieras todo el código de ADN de tus 37,2 billones de células, abarcaría el camino hacia la luna y de regreso, no solo una vez, ¡sino 150 000 veces!

## 36

# OJO, MUCHO OJO

**Ábreme los ojos, para que contemple las maravillas de tu ley.**
—SALMOS 119:18, NVI

**Echa un vistazo alrededor por un segundo.** ¿Qué es lo que ves? Luces y colores y movimientos, y cosas diminutas y enormes. Tus ojos son un increíble regalo de parte de Dios. Y él comenzó a crearlos cuando aún estabas en el vientre de tu madre. Cuando tenías unos 5 meses de gestación, 1 millón de nervios *ópticos* (una palabra científica que habla de todo lo que se refiere a tus ojos) se extendían desde tu cerebro, para conectarse con otro millón de nervios ópticos que se extendían desde tu ojo. ¡Esos 2 millones de nervios coincidieron perfectamente! ¿Te imaginas unir 2 millones de diferentes alambres y hacerlos coincidir con perfecta exactitud? Eso es exactamente lo que Dios hizo al crear tus ojos. Ni siquiera la máquina con el avance tecnológico más increíble se puede comparar con lo magnífico que son nuestros ojos.

Todo eso sucedió a los 5 meses de gestación, pero aun así no podías ver nada. ¿Por qué? Porque tus ojos estaban cubiertos de piel. Pero alrededor de los 6 meses, algo misterioso y milagroso sucedió: la piel se separó, dándote párpados por primera vez. ¡Y todo eso mientras continuabas en el vientre de tu mamá!

El Dios que creó todas las maravillas de este mundo creó tus ojos para que pudieras ver esas maravillas, y así lo adoraras. Y el Dios que comparte sus palabras en la Biblia, te dio ojos para que las leyeras para que pudieras obedecer. Este mundo intentará mostrarte un montón de cosas terribles que no provienen de Dios, y cosas que son pecado que no hacen sonreír a Dios. ¡Voltea tu mirada! En lugar de eso, mira a Dios y sus maravillas.

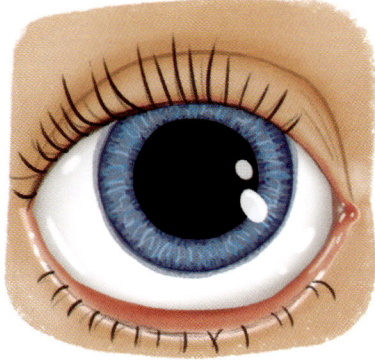

*Señor, gracias por el regalo de mis ojos. Ábrelos para poder ver todos esos regalos con los que me has bendecido, y ayúdame a agradecerte por cada uno de ellos.*

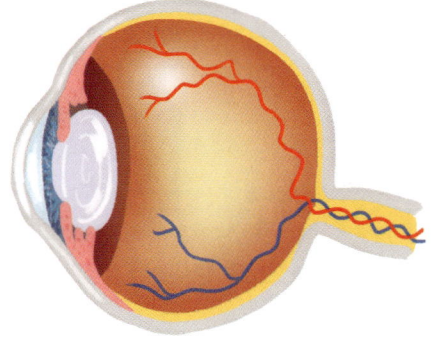

## SORPRÉNDETE

Los camaleones tienen unos de los ojos más asombrosos. Pueden ver en un círculo completo de 360 grados, todo alrededor de su cuerpo. Esto se debe a que no tienen párpados como los humanos. En lugar de ello, tienen un cono alrededor de cada ojo con una pequeña apertura para la pupila. Y *cada ojo* puede moverse por separado del otro, ¡así que pueden mirar en dos diferentes direcciones al mismo tiempo!

# ¿CUÁL CAMINO?

**Tu palabra es una lámpara a mis pies; es una luz en mi sendero.**
—SALMOS 119:105, NVI

**Es probable que en primavera y en otoño hayas visto grandes bandadas de pájaros volando.** ¿Qué se supone que están haciendo? Cada año, ciertos animales se mueven de un lugar a otro en grandes grupos. Se llama *migración*.

¿Por qué los animales migran? Usualmente es para encontrar alimento, ir a un clima más cálido, o llegar a un lugar seguro para tener sus crías. Lo que los científicos no entienden es *cómo* los animales saben cuándo moverse y a dónde ir. Quizá son los cambios climáticos o la duración de los días lo que les dice a los

animales cuándo es tiempo de moverse. Tal vez ellos usan las estrellas, el Sol, o incluso los patrones del viento para saber qué camino seguir. Los científicos dicen que los animales simplemente nacen sabiendo qué hacer, le llaman a eso *instinto*. Pero solo es una manera «interesante» de decir que Dios les indica a los animales —su creación— qué hacer.

Y él hace lo mismo por ti, solo que de una forma diferente. Cuando tú no sabes qué hacer, a dónde ir, o cómo llegar, Dios te da la respuesta y puedes encontrarla en su Palabra, la Biblia. Algunas personas van con sus amigos o familiares u otras personas cuando no saben qué hacer. Y eso está bien, pero recuerda que esas personas no son perfectas. Necesitas asegurarte de hablar con Dios. Solo él es perfecto, y solo sus respuestas son siempre las correctas.

*Señor, cuando no sé qué hacer, enséñame a volverme a ti y a tu Palabra para obtener las respuestas que busco. Sé que siempre me mostrarás el camino correcto a seguir. Gracias por guiarme.*

## SORPRÉNDETE

La golondrina ártica tiene el récord de la migración más larga. Este pequeño pájaro viaja 70 000 kilómetros cada año desde su nido en el Ártico, a su casa invernal en el Antártico, y luego de vuelta. ¡Básicamente vuela de un extremo de la Tierra al otro! Debido a que la golondrina ártica puede vivir más de 30 años, puede viajar la suficiente distancia en su vida como para ir a la Luna y volver, ¡casi 3 veces!

# UN DIOS GIGANTE

### ¿Quién ha medido las aguas con la palma de su mano?
#### —ISAÍAS 40:12, NVI

**¿Has ido alguna vez al océano?** El agua se extiende interminablemente, tan lejos como tus ojos puedan ver. ¿Cuánta agua hay ahí? Bueno, los científicos han hecho cuentas, y ellos creen que los océanos de la Tierra contienen aproximadamente 1 385 999 652 kilómetros cúbicos de agua. Ya sé... un kilómetro cúbico es algo confuso. Pero piensa en ello de esta manera: un kilómetro es aproximadamente la misma distancia que 10 canchas de fútbol. Entonces imagina una caja que mide 10 canchas de fútbol de largo, 10 canchas de fútbol de ancho y 10 canchas de fútbol de profundo. Ahora, llena esa caja con agua, eso es un kilómetro cúbico de agua. ¡Necesitarías 1 385 999 652 cajas de esas para igualar la cantidad de agua que hay en los océanos! Eso es más cajas (¡y más agua!) de lo que puedo imaginar.

¿Qué tiene que ver toda esa cantidad de agua con Dios? Bueno, la Biblia dice que él mide los océanos en la palma de sus manos. Así de grande es él. Prueba tomando agua en tu mano. ¿Cuánta puedes sostener? ¿Media taza? ¿Un cuarto? Dios puede contener mucha, mucha más. *¡Dios puede tomar toda el agua de todos los océanos de la Tierra entera, y sostenerla en una sola de sus manos!*

Dios es un Dios gigante, y comparados con él somos realmente muy pequeñitos. Pero a sus ojos no somos insignificantes. Cada persona en la Tierra es importante para Dios. Somos tan importantes que él envió su único Hijo, Jesús, a la Tierra para salvarnos de nuestros pecados, las cosas que hacemos que están mal (lee Juan 3:16). Porque Dios es tan grande, ¡sabemos que su amor por cada uno de nosotros debe ser inmenso!

*Señor, eres tan grande y yo tan pequeño, pero tú me amas tanto que sacrificaste a tu propio Hijo para salvarme. Gracias, Dios, por tu inmenso gran amor.*

## SORPRÉNDETE

Los océanos de la Tierra cubren más del 70 % del planeta. El Océano Pacífico es el más grande y cubre aproximadamente 30 % de la Tierra. El Océano Atlántico es el segundo más grande y cubre cerca del 20 % de la Tierra.

## 39

# PELIGRO: ¡VENENO!

**No empleen un lenguaje grosero ni ofensivo. Que todo lo que digan sea bueno y útil, a fin de que sus palabras resulten de estímulo para quienes las oigan.**
—EFESIOS 4:29

**¿Alguna vez has visto esas simpáticas ranitas?** Suelen vivir en los bosques tropicales de Centro y Sudamérica. Dios las hizo en un arcoíris de colores: amarillo, dorado, cobrizo, rojo, azul y negro, por nombrar algunos. Pero si algún día ves algunas, ¡ten cuidado! No solo son bonitas, también son mortales. Esos colores brillantes son en realidad una advertencia para ahuyentar a los depredadores que anden buscando un aperitivo. Los cazadores nativos de Colombia han usado este poderoso veneno de las ranas por siglos, untándolo en las puntas de sus dardos, y así es como este bello animalito recibió su no tan lindo nombre: «rana de dardo venenoso». Tan solo una de las ranas doradas —la especie más venenosa— tiene suficiente veneno en su pequeño cuerpo ¡como para matar a 10 hombres!

Esta rana sin duda contiene un veneno poderoso. Es casi tan poderoso como *tu* veneno. ¿Qué? ¿Acaso puedes ser venenoso? Es verdad. Tú tienes un músculo —de hecho un grupo de músculos que trabajan juntos— que cuando los usamos mal pueden ser más venenosos que un ejército completo de ranas dardo. Este músculo es tu lengua.

Dios dice que la lengua «está llena de veneno que puede matar» (Santiago 3:8). Tu lengua tiene el poder de lastimar y destruir, no solo a una persona, sino a mucha gente, si no la tienes bajo control. Pero la buena noticia es, ¡que tu lengua tiene aun más poder de animar y edificar, si le pides a Dios ayuda! Él quitará el «veneno» de tu lengua y te ayudará a usarla, y a usar tus palabras, para buenas cosas, como decirle a otros acerca del amor y cuidado de Dios para con ellos. Después de todo, las palabras de Dios crearon la vida, ¡así que tus palabras también pueden traer su luz y amor a este mundo!

*Señor, enséñame a ser cuidadoso con lo que digo para nunca usar mis palabras para lastimar a otros. En lugar de eso, ayúdame a usar mis palabras para contarle a otros de tu amor.*

## SORPRÉNDETE

En algunos países, si le sacas la lengua a alguien, la gente puede pensar que estás siendo tonto o muy grosero. Puedes hacer reír a alguien, o puedes meterte en *grandes* líos. Pero en el Tíbet, ¡simplemente estarías diciendo: «Hola»!

## 40

# UNA SITUACIÓN PELUDA

*¿No se venden cinco gorriones por dos moneditas? Sin embargo, Dios no se olvida de ninguno de ellos. Así mismo sucede con ustedes: aun los cabellos de su cabeza están contados. No tengan miedo; ustedes valen más que muchos gorriones.*
—LUCAS 12:6-7, NVI

**¿Te has fijado que el cabello está en todos lados?** Está en tu cabeza y sobre tu piel. Le da forma a tus cejas y pestañas. ¡Incluso crece en tus orejas y nariz! De hecho, los únicos lugares donde no crece cabello es en las palmas de las manos, las plantas de los pies, y los labios. Pero el cabello no es solo una cuestión de apariencia. Tiene un propósito. El cabello en tu cabeza ayuda a mantenerte caliente. Las pestañas mantienen el polvo fuera de tus ojos, mientras que las cejas ayudan a que el sudor y la lluvia no lleguen a tus ojos, aparte del hecho que te ayudan a verte sorprendido o asustado. Y esos pelitos de las orejas o la nariz ayudan a mantener el polen, los gérmenes y otras cosas, fuera de tu cuerpo.

El cabello crece de un órgano debajo de tu piel llamado *folículo*. La persona promedio tiene 100 000 folículos en su cabeza, y más de 5 millones en todo su cuerpo. ¡Eso es un montón de pelo! Y Dios conoce cada cabello en cada folículo. Tú no podrás contarlos, pero Dios sí puede. La Biblia nos lo dice.

Cuando estás atravesando un tiempo difícil, especialmente si es un tiempo difícil *largo*, quizá puedas comenzar a sentir que Dios se ha olvidado de ti. Pero eso no es verdad. Dios *jamás* podría olvidarte. Jesús dijo que Dios sabe lo que le sucede a cada pajarito en su mundo. ¡Y él te ama mucho más que a los pajaritos! Cuando los tiempos difíciles vienen, Dios no te olvida, y no estás solo. Dios siempre está contigo, aun cuando no puedas verlo. Recuerda, el Dios que conoce cada uno de los cabellos de tu cabeza también sabe a la perfección cómo tener cuidado de ti.

*Señor, tú sabes todo lo que sucede en mi vida, ¡incluso cuántos cabellos hay en mi cabeza! Así que, siempre confiaré en que sabes qué es lo mejor para mí.*

## SORPRÉNDETE

El pelo es una de las características principales de los mamíferos (los humanos somos mamíferos también). De hecho, todos los mamíferos tienen pelo o pelaje. Incluso las ratas topos tienen pequeños pelitos en sus pies.

# SIGUE AL LÍDER

**Yo soy el buen pastor; conozco a mis ovejas, y ellas me conocen a mí.**
**—JUAN 10:14**

**¿Sabías que las personas son ovejas?** Eso es lo que la Biblia dice... bueno... algo así. La Biblia en muchas ocasiones dice que somos como ovejas y Jesús es el buen Pastor. Resulta que las ovejas sí necesitan un pastor, tal y como nosotros verdaderamente necesitamos a nuestro Pastor.

¿Por qué las ovejas necesitan un pastor? Veamos algunos hechos sobre estos camaradas. Primero que nada, hay muchísimas ovejas, más de mil millones en todo el mundo. Un grupo de ovejas es conocido como manada o rebaño. Las ovejas se asustan con facilidad (como nosotros a veces), así que les gusta mantenerse juntas. Esto les ayuda a sentirse seguras y protegerse de los depredadores, como los lobos. A las ovejas también les gusta seguir a la multitud, aunque no sea la mejor idea (mmmm... ¿te suena familiar?). Incluso, se ha sabido de ovejas que han seguido a su líder precipitándose sobre un acantilado. Así que, las ovejas necesitan un pastor que las guíe en la dirección correcta.

¿Cómo nos parecemos a las ovejas? Bueno, ¿acaso no nos gusta estar rodeados de gente? ¿No solemos hacer lo que los demás hacen, incluso si no es una buena idea? Por eso necesitamos que el Buen Pastor nos guíe por el camino correcto.

Otro dato interesante acerca de las ovejas es que pueden reconocer rostros, hasta 50 diferentes rostros. Eso quiere decir que las ovejas reconocen a su pastor porque pasan tiempo con él y confían en que él cuida de ellas. En esto, nosotros *deberíamos* ser como las ovejas. Deberíamos pasar tanto tiempo con nuestro Pastor que lo conocemos y confiamos que él cuida de nosotros. Entonces, como pequeñas ovejitas, sigamos a nuestro Líder.

*Jesús, gracias por siempre velar sobre mí. Quiero conocerte mejor cada día. Por favor dame el valor para seguirte a dondequiera que me guíes.*

## SORPRÉNDETE

Jesús es el Buen Pastor en Juan 10, y hay historias de pastores a lo largo de toda la Biblia. Abel, el hijo de Adán y Eva, fue el primer pastor. José y sus hermanos eran pastores. Moisés fue pastor antes de sacar a los israelitas de Egipto. También el Rey David fue pastor, antes de ser rey, obviamente. Y cuando Jesús nació, algunos de sus primeros visitantes fueron pastores.

# PALMEAR LAS PLÉYADES

**¿Acaso puedes atar los lazos de las Pléyades, o desatar las cuerdas que sujetan al Orión? ¿Puedes hacer que las constelaciones salgan a tiempo?**
**—JOB 38:31-32, NVI**

**¿Qué puedes sujetar en la palma de tus manos?** ¿Puedes sostener una pelota de golf, de tenis o de baseball? Algunos jugadores de básquetbol tienen las manos tan grandes ¡que pueden sostener una pelota de básquet en una sola! Le llaman «palmear la pelota». Pero eso es nada comparado con Dios. Él puede «palmear» las Pléyades.

Pero, «¿qué son las Pléyades?», te estarás preguntando. Las Pléyades son un cúmulo estelar, un grupo de estrellas tan grandes y brillantes que pueden ser vistas desde casi cualquier parte de la Tierra sin binoculares o telescopios. Están a más de 443 años luz, o sea, ¡4190 billones de kilómetros! Y nuestro Dios puede sostener en las palmas de sus manos todo ese grupo de estrellas. De hecho, la Biblia nos dice que él mide el universo entero con su mano (Isaías 40:12).

¿Sabes qué más Dios sostiene en la palma de sus manos? A ti. Dios, quien es lo suficientemente poderoso para sostener todo el universo, también te sostiene a ti en sus manos. Y te ama tanto que nada —ningún problema, preocupación, molestia o mal día— puede arrebatarte de su mano (Juan 10:28). Claro que el diablo lo intentará. Lanzará un montón de cosas desagradables en tu contra, te tentará a hacer cosas que sabes que no debes hacer. Pero Dios es más grande y más fuerte, y el diablo no es problema para él. Así que aférrate a Dios. Habla con él, escúchalo, y lee acerca de él en su Palabra, la Biblia. Y recuerda, Dios también te tiene agarrado, y jamás te dejará.

*Señor, si puedes sostener el universo entero en tus manos, sé que puedo confiar en que me sostienes también a mí. Gracias por sostenerme en tus manos siempre.*

## SORPRÉNDETE

Los científicos creen que hay alrededor de 3000 estrellas en el cúmulo de las Pléyades, pero sin un telescopio lo suficientemente poderoso, solo podemos ver cerca de 6 o 7 de las más brillantes. En tiempos pasados, los marineros usaban estas estrellas brillantes para ayudarse a navegar a través de los océanos.

# HERMOSO E INQUEBRANTABLE

**Por todos lados nos presionan las dificultades, pero no nos aplastan.**
—2 CORINTIOS 4:8

**Nada brilla como un diamante.** Pero no solo son hermosos a la vista; los diamantes son también la sustancia natural más dura conocida por el hombre. De hecho, la palabra *diamante* proviene de una palabra griega que significa «inquebrantable». Solo otro diamante puede rayar o marcar un diamante. Son tan duros que en ocasiones se utilizan en herramientas para cortar o perforar. Los diamantes son poco comunes y caros porque solo se forman bajo condiciones muy especiales.

El diamante está hecho de carbón puro, como el grafito (de lo que es la punta de tu lápiz). Pero para que un diamante se forme, se requieren presiones extremas y temperaturas exageradamente altas por un período de tiempo muy largo. Esto usualmente sucede unos 150 kilómetros debajo de la superficie de la tierra, lo que convierte a los volcanes en excelentes «fábricas» de diamantes. Cuando los volcanes hacen erupción, los diamantes son «disparados» hacia la superficie de la tierra.

Así que... en un lugar muy oscuro, bajo muchísima presión, estrés y calor... algo realmente hermoso e inquebrantable se forma. ¿Has estado alguna vez en un lugar oscuro? ¿Has estado bajo mucha presión? ¿Pudiera ser que Dios estuviera usando ese tiempo para crear algo hermoso e inquebrantable? Cuando te sientas presionado por todos lados por las dificultades, no te rindas. Dios no dejará que te «rompas». Dios utilizará esos momentos difíciles para hacerte más fuerte y enseñarte a depender de él. Confía en él, especialmente cuando es difícil. Dios está formando algo hermoso e inquebrantable, tu fe en él.

*Señor, cuando me sienta presionado por mis dificultades, ayúdame a recordar que tú ya tienes la solución. Por favor dame fuerzas mientras aprendo a confiar en que tú me estás transformando en algo hermoso que refleje tu gloria.*

## SORPRÉNDETE

Un quilate es usado para medir cuánto pesa un diamante. Un quilate es igual a 200 miligramos, lo mismo que una gota de lluvia. El diamante más grande que se ha encontrado es el Cullinan, descubierto en 1905 en una mina en Sudáfrica. Pesaba 3106 quilates, poco más de medio kilo, más o menos lo que pesa un conejillo de indias. El diamante se cortó en unas 100 piezas, con la pieza más grande llamada Gran Estrella de África. Pesa 530 quilates y está montado en el Cetro Real de Gran Bretaña.

# PROBAR Y VER

**Prueben y vean que el Señor es bueno.**
—SALMOS 34:8

**El sentido del gusto: cuando queremos saber a qué sabe algo, probamos con nuestra lengua, al menos la mayoría.** Algunas de las criaturas que Dios ha creado son un mucho más... ¿cómo decirlo?... *interesantes*. Por ejemplo, la mariposa prueba con sus patitas, mientras que las moscas prueban con sus labios y patas. Las abejas prueban con partes de su boca, sus patas delanteras y sus antenas. Los pulpos prueban con las ventosas (copas de succión) de sus tentáculos, y algunos tienen hasta 1800 ventosas. Pero la lombriz les gana a todos: su cuerpo entero está cubierto con papilas gustativas. (Aunque, como

la lombriz se mantiene en la tierra, ¿qué tan rico sabrá eso?)

Nosotros, probamos principalmente con nuestras lenguas, aunque nuestra nariz también está involucrada. Tenemos entre 3000 y 10 000 papilas gustativas en nuestra lengua. Las cosas que probamos caen en 5 categorías: dulce, ácido, salado, amargo y *umami* (este hace resaltar todos los demás sabores).

Todas estas papilas gustativas son parte importante del diseño de Dios para nosotros. Nuestro sentido del gusto nos protege ayudándonos a evitar alimentos que estén podridos, que sean venenosos o que sean malos para nosotros. Pero también Dios nos dio el sentido del gusto para que podamos disfrutar alimentos que saben deliciosos. Piensa en tu comida favorita: ¿Puedes imaginar lo deliciosa que sabe? Dios ha llenado nuestro mundo de bendiciones y señales de su bondad, y *quiere* que las disfrutemos. Dios quiere que abramos todos nuestros sentidos para experimentar las maravillas de su creación. Prueba y ve —y toca, escucha y huele— que Dios es bueno, ¡y él crea cosas buenas!

## SORPRÉNDETE

La lengua de las jirafas mide más de 50 centímetros, ¡por lo cual puede lamer toda su cara! Los gatos y los perros usan su lengua para limpiar su pelaje y remover pulgas y otros parásitos *¡Ugh!* Los camaleones, los osos hormigueros y las ranas, usan sus lenguas pegajosas para atrapar su merienda de insectos. *¡Doble ugh!*

*Señor, abre mis ojos para ver tu creación, mi nariz para oler tus flores, y mis oídos para escuchar tus canciones en la naturaleza. Ayúdame a tocar a otros con tu amor. ¡Gracias por todas las cosas buenas que me das! ¡Me encanta ser tu hijo!*

# DERRIBANDO EL «BIG BANG»

*Pues cada casa tiene un constructor, pero el que construyó todo es Dios.*
— HEBREOS 3:4

**Esto podría sorprenderte, pero no todas las personas creen que Dios creó el universo.** Algunos creen que solo... apareció, de la nada, por sí solo. Creen que este descomunal universo comenzó como una pequeña masa de materia caliente de unos cuantos milímetros. Esa pequeña masa de materia explotó en lo que ellos llaman el Big Bang, una explosión tan grande y veloz que creó el universo entero en cuestión de segundos.

Algunos otros creen que la vida comenzó mediante la *evolución*. Ellos aseguran que cuando el Big Bang creó la Tierra, había ciertos químicos en el agua; estos químicos —proteínas, aminoácidos y otros— se revolvieron en una especie de sopa. Un rayo le pegó a esta «sopa» en el lugar exacto, y las primeras células de vida de pronto aparecieron. Después de mucho tiempo y mucha más evolución, estas células crecieron y cambiaron convirtiéndose en plantas, árboles, cachorros, elefantes, águilas, cocodrilos, y tú y yo.

Yo creo que el Big Bang en realidad fue cuando la luz llenó todo el universo cuando Dios dijo: «¡Sea la luz!» (Génesis 1:3). Y a diferencia de una evolución silenciosa, la creación probablemente fue bastante ruidosa con todos los rugidos y chirridos de todas las clases de animales que Dios creó (Génesis 1:20-26). Y cuando Dios quiso gente, la alabanza de Adán y Eva se unió al resto de los sonidos.

Cada tipo de creación —cada gran pintura, edificio o libro— tiene un creador. La vida, la Tierra, y el universo, no son diferentes. No fue un gran accidente cósmico, ni tú eres un accidente. Tú eres parte de la creación del Gran Creador de todo: ¡Dios!

## SORPRÉNDETE

La evolución dice que por casualidad todo coincidió para formar vida. Prueba este experimento: Toma un rompecabezas —no importa la cantidad de piezas que tenga— y avienta todas las piezas al aire. ¿Se colocaron por sí solas en el lugar que les correspondía? ¿No? Vamos, intenta otra vez… y otra. ¿Todavía no se acomodan? Si un simple rompecabezas no puede acomodarse por sí solo, ¿cómo podrían 32,7 billones de células de una persona colocarse por sí solas sin que alguien las tomara y las pusiera en el lugar que les corresponde?

> *Señor, tu creación es tan asombrosa y detallada, yo sé que no fue un accidente. ¡Gracias por crearme para ser parte de ella!*

# RESPIRA

**Los que confían en el Señor encontrarán nuevas fuerzas; volarán alto, como con alas de águila. Correrán y no se cansarán; caminarán y no desmayarán.**
—ISAÍAS 40:31

**Respirar es algo que haces cada día, todo el día, despierto o dormido.** Cuando respiras el aire, que está lleno de oxígeno, este viaja por tu nariz (¡o tu boca, si tu nariz está congestionada!) hasta tus pulmones. Los pulmones envían el oxígeno del aire a cada célula de tu cuerpo para darles energía. Conforme tus células utilizan el oxígeno, generan un desperdicio de gas llamado dióxido de carbono. Eso es lo que exhalas.

Tu cerebro es el que te indica qué tan rápido respirar. Cuando te ejercitas o te asustas o estás muy emocionado, tus células necesitan más energía, o sea, más oxígeno. Así que tu cerebro le indica a tus pulmones que respiren más rápido. Pero cuando estás dormido, no necesitas tanta energía, y tu cerebro les indica a tus pulmones que trabajen más lento.

Respirar no es algo en lo que tengas que pensar. ¿No estás agradecido con Dios por haber creado tu cuerpo de esta manera? Pero en algunas ocasiones, se nos dificulta respirar. ¿Alguna vez te has enfrentado a un problema tan grande que te resultaba difícil respirar? ¿O alguna vez has estado tan asustado o te has sentido tan solo que simplemente no podías agarrar aire?

Cuando te sea difícil respirar, deja todo y vé con Dios. Ora y dile todo lo que estás sintiendo; luego, siéntate tranquilo con él. Dios te ayudará a recuperar tu aliento; y después, te dará la fuerza para el siguiente respiro, y el que

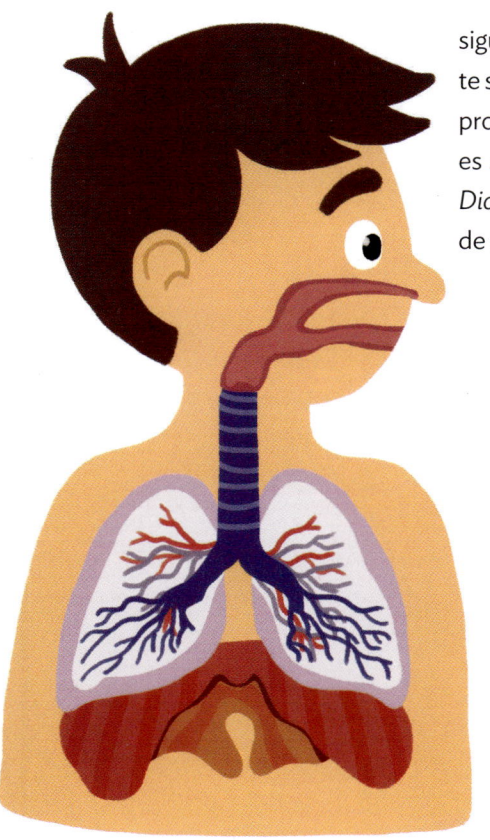

sigue, y otro más. Dios jamás te soltará, y te sacará a salvo de cualquier situación o problema que estés afrontando. Eso no es solo una promesa, ¡es la promesa de *Dios* para *ti*! Y Dios nunca se arrepiente de sus promesas.

*Señor, cuando lo que sucede a mi alrededor me hace difícil respirar, te agradezco tanto que pueda venir a ti, hallar descanso y la posibilidad de volver a respirar.*

## SORPRÉNDETE

La persona promedio puede sostener su respiración por 30 segundos. Pero el récord mundial Guinness le pertenece a Aleix Segura Vendrell. Él contuvo la respiración por 24 minutos y 3,45 segundos, en Barcelona, España, en febrero de 2016. ¡Esos son pulmones poderosos!

# CON LOS PIES SOBRE LA TIERRA

**Toda la Escritura es inspirada por Dios y es útil para enseñarnos lo que es verdad y para hacernos ver lo que está mal en nuestra vida. Nos corrige cuando estamos equivocados y nos enseña a hacer lo correcto.**
—2 TIMOTEO 3:16

**La gravedad es una fuerza que atrae a dos objetos a estar juntos, es lo que hace que tus pies permanezcan en tierra.** La gravedad puede no parecer la gran cosa, hasta que te imaginas la vida sin ella. Es la gravedad de la Tierra lo que impide que nos vayamos flotando por el espacio, y es lo que hace que la manzana caiga del árbol. ¡Solo pregúntaselo a Isaac Newton!

La gravedad también afecta cuánto pesas, porque el peso es una medida de cuánto la gravedad atrae a un objeto. Por ejemplo, tú pesarías un poquito menos en el ecuador que en el Polo Norte porque la gravedad tiene ligeramente más fuerza en el Polo Norte. Pero la gravedad en otros planetas es muy diferente. Marte tiene mucha menos gravedad. Entonces, si pesas 50 kilos en la Tierra, en Marte solo pesarías 19. Pero Júpiter tiene una gravedad con muchísima más fuerza, ¡así que ahí pesarías 118 kilos!

Así como Dios nos mantiene en tierra con la fuerza de la gravedad, él mantiene nuestros corazones y mentes aterrizados en su Palabra. Ella está llena de toda la sabiduría y conocimiento, ánimo y enseñanza que necesitamos. Lee su Palabra cada día, ya que ella nos ancla a la verdad, nos eleva a él, y nos provee de un lugar seguro donde establecer nuestras vidas. ¡Es una fuerza mucho más potente que la gravedad de cualquier planeta!

*Amado Señor, enséñame tus caminos y muéstrame cómo vivir. Guíame con la verdad de tu Palabra, y por favor perdóname cuando peco.*

## SORPRÉNDETE

Aunque la gravedad existe desde que Dios creó el universo, fue Isaac Newton quien la descubrió hace unos 300 años. La leyenda cuenta que Newton estaba sentado debajo de un árbol de manzanas, cuando una le cayó en la cabeza. Lo más probable es que solo vio la manzana caer y entendió que algún tipo de fuerza invisible la había hecho caer. Él llamó a esa fuerza *gravedad*.

# NO TE PARES EN SATURNO

**Estén alerta. Permanezcan firmes en la fe. Sean valientes. Sean fuertes.**
—1 CORINTIOS 16:13

**Saturno suele conocerse como la «joya del Sistema Solar» por sus hermosos anillos.** Pero este lejano planeta no tiene nada que ver con la Tierra. Es el segundo planeta más grande de nuestro Sistema Solar (Júpiter es el más grande), y tiene un pequeño núcleo rocoso cubierto de gases. Jamás podrías pararte en este planeta con anillos. De hecho, como está compuesto más que nada de gases, si pusiéramos a Saturno en agua —que por cierto necesitaríamos mucha agua— flotaría.

Otra razón por la cual no podrías pararte en Saturno es porque es increíblemente ventoso. Los vientos en el ecuador del planeta pueden alcanzar hasta 1800 kilómetros por hora. Para comprender qué tan rápido es eso, el viento más rápido en la Tierra «solo» alcanza los 400 kilómetros por hora, y destruye *todo* a su paso.

A veces se siente que no puedes mantenerte en pie ni siquiera aquí en la Tierra. Los problemas se abalanzan contra ti como un viento de 400 kilómetros por hora, tan terribles y fuertes como un huracán o tornado. Quizá un problema difícil te está afligiendo, un amigo te ha traicionado, te están intimidando, o alguien te está presionando a que hagas cosas que sabes que están mal. O quizá alguien necesita que te mantengas firme por él o ella. Sea lo que fuere, te sientes golpeado y hasta asustado. ¡Pero no te rindas! Quizá no puedas estar en pie en Saturno, pero puedes hacerlo ante cualquier circunstancia, porque Dios está de tu lado. Ora mucho, y aférrate a él. Dios no solo te protegerá, sino que también te ayudará a estar firme por él y por aquello que es bueno, hasta que la tormenta de problemas pase.

## SORPRÉNDETE

Los brillantes anillos de Saturno se ven bastante sólidos, pero no lo son. Están hechos de polvo, rocas y cristales congelados, algunos más grandes que un rascacielos, y otros tan pequeños como un granito de arena. El anillo más grande es tan ancho que si se extendiera, alcanzaría más de 12 veces la distancia de la Tierra a la Luna.

*Señor, a veces mi vida se siente como si un tornado pasara por ella. Por favor dame tu valentía y fuerza para estar en pie y firme para ti.*

# ¿QUIÉN ESTÁ AHÍ?

**Pues Dios no nos ha dado un espíritu de temor y timidez sino de poder, amor y autodisciplina.**
—2 TIMOTEO 1:7

**¿Alguna vez has pensado que tus papás o maestros tienen ojos en la nuca?** ¿Cómo hacen para ver tanto? Aunque ninguna persona realmente tiene ojos detrás de su cabeza, ¡la mariposa búho sí! Bueno, tiene ojos en la parte de atrás de sus alas. Técnicamente, no son ojos en realidad, son manchas que parecen ojos. Como ves, Dios le dio a esta mariposa una sorprendente manera de mantenerse a salvo. La parte de atrás de sus alas se parece a los ojos de un búho. Entonces, cuando un depredador se acerca buscando un bocadillo, ve esos «ojos» y piensa que la mariposa es un búho. Y dado que ese búho podría convertir al depredador en un bocadillo, el depredador rápidamente se aleja en busca de una presa menos amenazante. Dios le dio a esta mariposa una forma singular de ahuyentar su temor: su miedo a ser devorada.

Cuando decides seguir a Dios, él ahuyenta todos tus miedos también. De hecho, hay cosas de las que nunca más tendrás que tener miedo. Cosas como el estar solo,

## SORPRÉNDETE

Dios le dio a otro tipo de mariposa una asombrosa manera de ocultarse de sus depredadores. Las alas de la mariposa hoja son de todo tipo de brillantes colores cuando se extienden. Pero cuando estas mariposas cierran sus alas, parecen hojas de un árbol. Algunas se ven como hojas verdes muy nuevas, pero otras como hojas viejas, cafés como las hojas en otoño, permitiéndoles mezclarse con su hábitat natural.

---

porque Dios nunca te dejará (Deuteronomio 31:6). No tienes que temerle a cometer errores tampoco, porque Dios siempre te ayudará y te perdonará cuando se lo pidas (1 Juan 1:9). Y, lo mejor de todo, nunca tendrás que preocuparte de que Dios deje de amarte (Salmo 110:5), porque no lo hará. Jamás. No por un nanosegundo, que, de hecho, es la billonésima parte de un segundo. Así que la próxima vez que te sientas un poco asustado, recuerda quién eres —un hijo de Dios— ¡y deja que Dios ahuyente tus miedos!

*Señor, a veces me da miedo, por lo que sucede a mi alrededor, por las noticias, o por mis propias preocupaciones. Cuando lo haga, recuérdame que siempre estás conmigo y a favor mío.*

# INCONTABLES

**Qué preciosos son tus pensamientos acerca de mí, oh Dios. ¡No se pueden enumerar! Ni siquiera puedo contarlos; ¡suman más que los granos de la arena!**
—SALMOS 139:17–18

**Nos gusta contar cosas.** Contamos dinero; contamos minutos. Contamos puntos y un millón de otras cosas. Pero hay cosas que simplemente no se pueden contar.

## SORPRÉNDETE

¿Cuál es el número más grande conocido para el hombre? Algunas personas piensan que es el *gúgolplex*, que es un 1 seguido de un *gúgol* de ceros (un gúgol es un 1 seguido de 100 ceros). Pero lo cierto es, que no hay número más grande. ¿Por qué? Porque siempre puedes añadir uno más.

No podemos contar el número de las estrellas en el universo, ¡ni siquiera sabemos qué tan grande es el universo! Los científicos creen que en nuestra Vía Láctea puede haber hasta 400 000 millones de estrellas, pero no están seguros. ¿Por qué? ¡Porque no las pueden contar todas!

Otra cosa que no se puede contar son los granos de arena de la Tierra. Los investigadores estiman que hay 7,5 trillones granos de arena en las playas de la Tierra (¡eso es 7,5 seguido de 17 ceros!). Por supuesto, eso no incluye toda la otra arena de la Tierra, como la que está debajo del océano.

Pero lo más hermoso y sorprendente que no puedes contar, son los pensamientos que Dios tiene acerca de ti. El Dios que creó todas aquellas cosas incontables —como las estrellas y los granos de la arena— pasa muchísimo tiempo pensando... en ti. Cuando te acuestas a dormir, cuando te levantas en la mañana, y cada momento entre esos, Dios piensa en ti. ¿Qué indescriptiblemente asombroso es eso, no?

*Señor, qué hermoso es saber que tú piensas en mí y no solo un poco, sino más veces de las que se puede contar. Oro, Dios, que tú llenes mi mente con incontables pensamientos acerca de ti.*

## 51

# ÁTOMOS, ELECTRONES, QUARKS Y COSAS

**Dios creó todas las cosas por medio de él, y nada fue creado sin él.**
—JUAN 1:3

**El átomo es la unidad básica de la cual se construye toda la materia, de todas las cosas.** Y es pequeño, muuuuuy pequeño. De hecho, 125 millones de átomos caben en un punto (como el que está al final de esa oración... Bueno, de esta también). Una sola célula de tu cuerpo contiene como cien billones de átomos. O sea, ¡100 000 000 000 000! Y tu cuerpo contiene más o menos 37,2 billones de células. Así que, si multiplicáramos 100 billones por 37,2 billones... mejor solo digamos que tu cuerpo tiene ¡muchísimos átomos!

Pero hay cosas aún más chicas; los átomos se componen de unas partículas todavía más pequeñas llamadas protones, neutrones y electrones. Y esos están hechos de cosas aún más pequeñas llamadas quarks y leptones. ¡Algún día probablemente descubriremos que esos quarks y leptones se componen de cosas aún más diminutas!

Todas estas pequeñísimas partículas se reúnen para formar todo lo que ves, desde cada hoja de pasto, la más alta montaña, hasta las lejanas estrellas. ¿Por qué importa todo esto? Porque Dios —quien es Señor y Creador de toda la enormidad del universo— también es Señor y Creador de las más diminutas cosas. No hay nada tan grande o tan pequeño como para estar fuera del control de Dios.

Para ti eso significa que no hay nada tan grande o tan pequeño que no puedas traerlo a Dios en oración. Ningún problema es demasiado grande para él. Y ninguna preocupación es tan pequeña que a él no le importe. Dile todo, lo bueno y lo malo, grande y pequeño, feliz y triste, y entonces déjalo a él tomar el control.

*Señor, gracias por siempre escucharme en las cosas grandes, las pequeñas y en todo lo demás. Yo sé que siempre puedo hablar contigo y que tú siempre me responderás. Gracias por encargarte de todos los detalles, ¡los grandes y los diminutos!*

## SORPRÉNDETE

Los *elementos* se forman cuando un montón de átomos parecidos se juntan. Hace mucho la gente creía que solo había 4 elementos: aire, agua, fuego y tierra. Ahora sabemos que existen más de 100 elementos, incluyendo metales como oro y plata, y gases como hidrógeno y oxígeno. Por cierto, el 99 % de tu cuerpo consiste de 6 diferentes elementos: carbono, hidrógeno, nitrógeno, oxígeno, fósforo y calcio.

# NO SOLO UNO MÁS ENTRE EL MONTÓN

**Tú eres el Dios que me ve.**
**—GÉNESIS 16:13**

**Los copos de nieve, tan hermosos, tan suaves y… ¡tan gélidos!** Un copo de nieve es algo pequeño y delicado, que fácilmente se derrite si lo tocas. Pero reúne muchos de ellos y pueden cobijar el mundo en brillante blancura

o descender por una montaña ¡como una avalancha que destruye todo en su camino!

El copo de nieve se forma arriba en las nubes cuando una pequeñísima gota de agua se congela, convirtiéndose en un cristal de hielo. Vapores de agua en la nube se adhieren al cristal congelado y extienden el copo de nieve en formas asombrosamente complejas y creativas. Aunque la forma básica de un copo de nieve es casi siempre un hexágono (una figura de seis lados), cada copo se convierte en una singular creación. Aunque es difícil distinguirlas cuando están apiladas en un montón —o pegadas para formar un hombre de nieve— no hay dos copos de nieve exactamente iguales. Dios creó cada uno para ser único. ¡Wow!

## SORPRÉNDETE

No hay nadie más en el planeta como tú, ni nunca lo ha habido. Solo observa tus huellas dactilares; aun los gemelos idénticos no tienen las mismas. Y eso no es todo lo que es singular acerca de ti. Los científicos ahora pueden usar la retina de tus ojos, la forma de tus orejas y hasta la huella de tu lengua para identificarte, ¡porque no hay ninguna otra como la tuya!

¿Alguna vez has sentido que solo eres otro en el montón? ¿Que no hay nada especial en ti? Si alguna vez lo has pensado, estás equivocado. Las personas todas tenemos algo en común, así como casi todos los copos de nieve son hexágonos. Pero otros aspectos de ti los tienes solo tú. Dios te creó único, singular. Nunca eres solo otro copo (persona) en el montón. Dios *te ve a ti*. Él te ve cuando tienes miedo y cuando te sientes solo. Él ve lo que necesitas, y él ve tus esperanzas y sueños. Dios te ve y te ama y te entiende. Tú siempre eres alguien especial para Dios.

*Señor, cuando siento que no soy nadie especial, recuérdame que siempre soy especial para ti. Tú me conoces por dentro y por fuera, y tú me creaste para un propósito único y especial.*

# ILUMÍNALO

**De la misma manera, dejen que sus buenas acciones brillen a la vista de todos, para que todos alaben a su Padre celestial.**
**—MATEO 5:16**

**¡Nada como atrapar luciérnagas en una noche cálida de verano!** Puede que las conozcas por otro nombre: gusano de luz o noctiluca. ¿Sabías que estas brillantes criaturas son escarabajos y que existen más de 2000 variedades de ellas? Su destello es usualmente de color amarillo, verde o naranja. Y cada una

de esas 2000 especies tiene su propia manera de brillar, así se reconocen los miembros de la misma especie.

La luciérnaga es solo una de las muchas criaturas que son *bioluminiscentes*, la cual es una gigantesca palabra que simplemente significa que generan su propia luz. Es una reacción química dentro de la luciérnaga que produce la luz. Ese es el cómo, pero, ¿por qué? ¿Por qué brillan las luciérnagas? Bueno, son los machos los que andan brillando, y lo hacen para captar la atención de las hembras, las cuales son atraídas a toda esa luz.

Cuando algo ilumina la oscuridad te dan ganas de acercarte para verlo mejor. Por eso Jesús te dice que dejes brillar tu luz. Claro que tu luz no brilla por causa de una reacción química, viene del Espíritu Santo de Dios dentro de ti. Cuando haces cosas por amor, cosas difíciles como ser bueno con un enemigo, o perdonando a alguien que te ha herido, los demás ven la luz de Jesús brillando a través de ti. Esa luz brilla igual como una luciérnaga brilla en la oscuridad, y los demás no pueden evitar acercarse para ver de qué se trata, lo cual significa que les puedes contar acerca de Dios. Así qué, ándale, sal y haz brillar tu luz.

## SORPRÉNDETE

La luz de la luciérnaga es la luz más eficiente en su uso de energía en todo el mundo. Eso es porque casi el 100 % de la reacción química se convierte en luz. Compara eso con un foco incandescente, el cual transforma solo el 10 % de su energía en luz y el otro 90 % en calor.

*Señor, lléname tanto de tu amor que este brille a través de mí. Enséñame a iluminar este mundo con todo lo que digo y hago.*

# PERFECTAMENTE PLANEADO Y CREADO

**Señor, tú eres nuestro Padre; nosotros somos el barro, y tú el alfarero. Todos somos obra de tu mano.**
—ISAÍAS 64:8, NVI

**Hay algunos animales bastante interesantes —bastante extraños— en la creación de Dios.** Uno de ellos es el camello. Con sus tupidas cejas, largas pestañas, gran joroba y anchas patas, el camello no es exactamente el animal más lindo del mundo. Pero todo él fue perfectamente planeado y creado por Dios para ayudarle al camello a vivir en el desierto.

¿Esa gran joroba? La mayoría de la gente piensa que almacena agua, pero en realidad almacena grasa. Esa gran joroba de grasa le permite al camello pasar hasta una semana entera sin beber agua durante el verano, y puede dejar de comer hasta dos semanas. ¿Sabes cómo? El camello consume la grasa en su joroba para producir tanto energía como agua. ¿Y qué de esas tupidas cejas y largas pestañas? Le protegen de la arena del desierto. Los camellos hasta pueden cerrar sus narices para que no les entre arena. ¿Y esas anchas patas? Son perfectas para viajar largas distancias sobre la arena.

Como ves, el camello fue perfectamente planeado y creado para vivir en el desierto. Así como los peces fueron perfectamente creados para vivir en el agua, las aves fueron perfectamente creadas para volar y los monos fueron perfectamente creados para columpiarse entre los árboles. Y *tú* fuiste perfectamente creado para ser tú. Así como un alfarero moldea el barro en el vaso que quiere hacer, Dios te hizo *con* un plan y *para* un propósito, de amarlo a él y amar a otros. Y te dio talentos y habilidades especiales para que pudieras vivir su propósito para ti en una manera singularmente *tuya*, como nadie más puede hacerlo. ¡Dios es el Creador perfecto, y él te creó de acuerdo a su plan perfecto!

## SORPRÉNDETE

Los camellos nacen sin joroba. Los camellos de una sola joroba son conocidos como camellos árabes (dromedarios). Ellos viven en el Medio Oriente. Los camellos con dos jorobas son llamados camellos asiáticos o bactrianos. Estos viven solo en China y Mongolia.

*Señor, sé que soy tu creación, y tú me diseñaste justo como querías que yo fuera. Por favor muéstrame los talentos que me has dado, y ayúdame a usarlos en maneras que te hacen sonreír y ayudan a otros a verte.*

# NACE UNA ESTRELLA

**Tú fuiste quien formó todo mi cuerpo; tú me formaste en el vientre de mi madre. Te alabo porque estoy maravillado, porque es maravilloso lo que has hecho. ¡De ello estoy bien convencido!**
—SALMOS 139:13-14, DHH

La galaxia Remolino es llamada una galaxia de gran diseño, y está compuesta de cientos de miles de millones de estrellas, ¡quizá hasta medio billón! Es un punto del universo increíblemente bello, y también es un lugar muy especial. Esto es porque la galaxia Remolino es donde nacen estrellas, una especie de sala de maternidad para estrellas. Mira, en el principio, Dios creó las primeras estrellas en un instante cuando dijo: «Sea la luz». Desde entonces las estrellas se forman cuando nubes gigantescas de polvo y gases espaciales se unen más y más y más entre sí hasta que... nace una estrella. Al nacer cada estrella, Dios la nombra y cuidadosamente la coloca justo donde él quiere que esté en su universo (Salmo 147:4). ¡Vaya!

> **SORPRÉNDETE**
>
> Los científicos dicen que una estrella nace cada 0,0002 segundos. Algunas de esas estrellas son pequeñas, pero algunas son tan grandes como nuestro sol, o aún mayores.

La manera en que Dios hace las estrellas es increíble, pero lo que es más increíble es la manera en que te hizo a ti. Te formó una diminuta célula a la vez, justo en la manera correcta. Cada parte de ti es exactamente la manera que él quiere que tú seas. Dios no solo prestó atención al exterior. Él también cuidadosamente labró los talentos, los dones y las habilidades, y las acomodó dentro de ti, cosas que nadie más puede hacer exactamente como tú.

¡Tú eres el más grande diseño de Dios, maravillosamente formado por el Gran Creador mismo! Así que, si alguna vez te encuentras pensando que no eres especial, que no tienes talentos, o que algo en ti simplemente no es lo suficientemente bueno, recuerda quién te hizo, y entonces dale gracias por su gran y asombroso diseño. Dios te hizo, y él no comete errores.

*Dios, gracias por hacerme justo como soy. Ayúdame a usar los talentos y habilidades que me has dado para decirle a todos lo grande que eres.*

## 56

# EN FAMILIA

**Sean amables unos con otros, sean de buen corazón, y perdónense unos a otros, tal como Dios los ha perdonado a ustedes por medio de Cristo.**
**—EFESIOS 4:32**

«¡Él me golpeó!». «¡Ella tomó mis cosas!». «¡Yo lo tenía primero!». ¿Tienes hermanos o hermanas? Si es así, ¿alguna vez han dicho algo así? ¿Lo has hecho tú? Esto se conoce como *rivalidad entre hermanos*, y es una forma rebuscada de decir que no te llevas bien con tus hermanos. Pero los seres humanos no son los únicos con este problema, los animales lo tienen también.

Solo imagínate a esas pobres ratas topo desnudas, pueden tener cientos de hermanos, ¡todos de la misma madre! Y las ratas topo mayores no se refrenan de forzar a las menores a salirse de su camino en sus sistemas de túneles subterráneos. Y también está la garcilla bueyera, que lleva la rivalidad entre hermanos a un nivel mortífero. Cuando un pollo se hace más fuerte que el otro, mata a su hermano y lo echa del nido mientras sus padres andan en busca de alimento. ¡Ay!

Afortunadamente, la mayoría de los animales se llevan mucho mejor que eso con sus hermanos. Por ejemplo, los elefantes «hijos» mayores cuidan a los menores. Los cachorros de nutria pasan casi todo su tiempo juntos, ¡y hasta se toman de las manos cuando están en el agua para no separarse! Y las leonas hermanas viven juntas de por vida en manada.

El detalle de vivir con alguien todo el tiempo —como un hermano o hermana— es que es fácil irritarse el uno al otro. (¡Quizá *tú* los irritas a ellos!) Y sin pensarlo se encuentran discutiendo, regañando y peleando. Pídele a Dios que te ayuda a amar a tu familia, a ser bueno, a ser paciente, y a perdonarse unos a otros cuando se equivoquen. Después de todo, ¡eso es lo que Dios hace por ti!

*Señor, tú sabes que a veces me es difícil llevarme bien con mi familia, especialmente mis hermanos y hermanas. Ayúdame a ser bueno y compasivo, especialmente cuando no tengo muchas ganas de serlo.*

## SORPRÉNDETE

La musaraña europea es tan pequeña que una camada entera de bebés cabe dentro de una cuchara de té. Pero estos diminutos hermanos son muy unidos. Cuando se tienen que mover porque hay peligro, ellos viajan en un tipo de «caravana». La mamá va delante y todos los bebés la siguen en fila, cada uno sosteniendo la cola de su hermano entre sus dientes.

# GRUÑIDOS Y QUEJIDOS

**Hagan todo sin quejarse y sin discutir.**
—FILIPENSES 2:14

**Siempre sucede en el peor momento, en medio de un examen o durante un tiempo de oración.** Cuando todo está quieto y silencioso es cuando se presenta: ese gruñido de tu estómago. ¿Qué significa? Y, ¿por qué sucede?

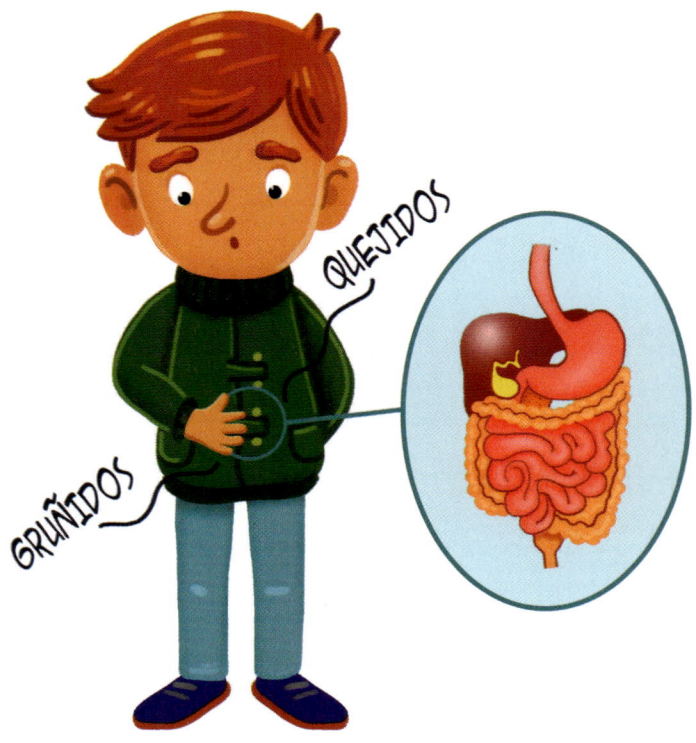

El gruñido empieza, efectivamente, en tu estómago. Entonces se pasa a tu intestino pequeño y al resto de tu sistema digestivo. Añade a eso algunos líquidos y jugos digestivos y todo se convierte en una masa pegajosa llamada *producto unido*. El gruñido sucede cuando se agregan aire y gases a la mezcla. Cuando esos gases son apretados por los músculos en tu estómago, el resultado es *gruñidos* y *ruidos*. Estos gruñidos pueden suceder en cualquier momento, pero cuando no hay mucha comida allí, pueden ser muy ruidosos. Es como que tu cuerpo te recuerda que comas.

Otra parte de tu cuerpo puede gruñir también: tu boca. Cuando tienes una tarea, o deberes y quehaceres, o cuando te piden que hagas algo que de veras no quieres hacer: ¿gruñes? ¿Discutes o te quejas? Dios espera que no lo hagas. Si tus labios están haciendo ruidos que no deben hacer, detente. Probablemente vas a tener que hacer aquello de todos modos, así que trata de hacerlo con una sonrisa. Cuando tengas que hacer algo que no quieres hacer, recuerda todas las cosas asombrosas que Dios hace por ti cada día, y en vez de quejarte, dale gracias. Descubrirás que darle alabanza te hará sentirte mucho mejor que estarte quejando por dentro. Y harás que Dios sonría también.

> *Dios, yo sé que a veces discuto y me quejo. Ayúdame a oírme a mí mismo cuando estoy gruñendo y quejándome, y en vez de eso, a escoger adorarte.*

## SORPRÉNDETE

¿Sabes que esos ruidos en tu estómago tienen nombre? Es borborygmi. Esa palabra es un ejemplo de onomatopeya, es decir, una palabra que suena como lo que significa. Intenta decir borborygmi (bor-bo-rig-mi). ¿Verdad que suena algo como un gruñido de estómago? Otras palabras onomatopeya son: bam, tic tac, guau, murmurar, plop...

# EL PLANIFICADOR

**Pues yo sé los planes que tengo para ustedes —dice el Señor—. Son planes para lo bueno y no para lo malo, para darles un futuro y una esperanza.**
—JEREMÍAS 29:11

## SORPRÉNDETE

**Por siglos, los científicos y los astrónomos han tratado de descubrir los secretos del universo: cómo empezó, cómo funciona, y nuestro lugar en él.** Los científicos construyeron el telescopio Hubble para descubrir algunos de esos secretos. Puesto en órbita en 1990, es el primer gran telescopio ubicado en el espacio. Viajando muy por encima de las nubes y la atmósfera de la Tierra, tiene una vista clara del universo. Ha fotografiado los planetas de nuestro sistema solar así como estrellas y galaxias lejanas. Las fotografías del Hubble han cambiado como vemos el universo y nuestro lugar en él, y nos han ayudado a reconocer que nuestro universo no existe por accidente.

El Telescopio Espacial Hubble es tan potente que puede ver estrellas, planetas y galaxias tan lejanas como si tú pudieras ver una luciérnaga en Japón estando sentado en tu casa en América.

Dios no causa caos, accidentes ni desórdenes. Nuestro Dios es un planificador. Él diseñó todo en su universo para que funcionara en perfecta armonía. El sol está justo a la correcta distancia de la Tierra. La gravedad de la luna es perfecta para las mareas de nuestros océanos. La Tierra tiene la inclinación perfecta para mantener nuestro clima balanceado. Todo en el universo funciona bien porque así es como Dios lo planeó.

¿Y sabes qué más Dios ha planeado? Tu vida. Todos los días de tu vida fueron planeados y escritos en el libro de Dios, mucho antes que nacieras (Salmo 139:16). Y los planes de Dios para ti son buenos. Sí, habrá días malos, pero Dios tiene planes aun para los tiempos difíciles. Él los usará para hacerte más como él. Dios es el supremo planificador y tiene planes asombrosos para ti.

*Señor, este universo que planeaste y creaste es indescriptiblemente asombroso. Pero lo que más me asombra es que me amas a mí, tan pequeñito como soy, tanto que tienes planes buenos y perfectos para mí.*

# AMIGOS POCO PROBABLES

**El Señor no ve las cosas de la manera en que tú las ves. La gente juzga por las apariencias, pero el Señor mira el corazón.
—1 SAMUEL 16:7**

**¿Te gustaría pasar tiempo con un tiburón?** Yo no, pero gracias por preguntar. Sin embargo, hay un pescado que se la pasa con un tiburón todo el tiempo. Se llama el pez rémora. Su cabeza es como una gran copa de succión. Con ella se adhiere al tiburón, y así lo acompaña a dondequiera que va. Cuando el tiburón come, la rémora se suelta y se come las sobras. ¡Mmmmmmm! A veces limpia el cuerpo del tiburón —incluyendo el interior de su boca— para eliminar parásitos o comida pegada a los dientes del tiburón. Entonces la rémora se adhiere de nuevo para el siguiente paseo. La rémora limpia al tiburón, y el tiburón alimenta a la rémora. Los dos amigos improbables salen ganando.

¿Quién hubiera pensado que un tiburón y un pez pudieran ser amigos? Como ves, no se puede juzgar un libro por su portada, ni a un amigo por su apariencia externa. Seguramente te has dado cuenta que el mundo juzga a la gente por el color de su piel, por su ropa, su cabello, de dónde son, cuánto dinero tienen o cómo hablan. Pero Dios dice que esas cosas no importan, por lo menos no a él. Y tampoco te deben importar a ti. En vez de eso debes observar el corazón de la persona. ¿Es amable? ¿Ayuda a los demás? ¿Ama a Dios? Eso es lo que realmente importa. Y cuando empiezas a ver el interior de la persona, en vez del exterior, es posible que te encuentres en una improbable, pero maravillosa amistad. (Pero, de cualquier modo, mantente lejos de los tiburones.)

*Señor, ayúdame a no juzgar a la gente por cómo se ven por fuera. Ayúdame a ver su corazón, así como tú.*

## SORPRÉNDETE

Las orugas y las hormigas son otro par de amigos improbables. Las orugas producen un tipo de azúcar en su piel para que la coman las hormigas. A la vez, las hormigas protegen a las orugas de cazadores como las avispas y las chinches asesinas. Las hormigas reciben alimento y las orugas protección, los dos amigos salen ganando.

# LOS GRANDES SÍ LLORAN

**Jesús lloró.**
—JUAN 11:35

**Llorar.** Lo haces por primera vez al nacer, literalmente. Y sigue sucediendo, no importa la edad que tengas. Puede suceder cuando estás triste o asustado, o cuando estás feliz, o aun cuando estás afuera cuando hace viento o adentro rebanando una cebolla. ¿De qué se tratan todas esas lágrimas?

¿Sabías que hay tres tipos de lágrimas? Las lágrimas *continuas* (o basales) son las que tienes todo el tiempo. Mantienen húmedos tus ojos para que veas claramente. Luego hay lágrimas de *reflejo*. Estas suceden cuando te pega el viento o estás cortando cebollas. Pero es el tercer tipo el que más nos interesa, lágrimas *psicógenas*. Estas son las lágrimas que lloras cuando estás triste, asustado o muy feliz.

Cuando has derramado lágrimas, ¿te has preguntado qué hace Dios cuando tú estás sufriendo? Pues la Biblia dice exactamente lo que hace. Dios ve tus lágrimas, hace una lista de ellas, y las guarda cuidadosamente en una botella (Salmo 56:8). Esto muestra cuánto te ama y cuánto cuidado tiene de ti.

Dios no se limita solo a ver tus lágrimas. Él llora junto contigo. Jesús mostró esto cuando su amigo Lázaro murió. Las hermanas de Lázaro, María y Martha, estaban llorando, y la Biblia dice que Jesús también lloró. Ahora, Jesús sabía que él estaba por levantar a Lázaro de los muertos y que esta historia tendría un final feliz. Entonces, ¿por qué lloró? Porque sus amigas estaban sufriendo. Y como Jesús es tu amigo, él sufre y llora contigo cuando tú sufres, aun cuando él sabe exactamente lo que él va a hacer para dar a tu historia un final glorioso.

> *Señor, gracias por siempre estar justo a mi lado, especialmente cuando me siento mal. Me consuela saber que tú sientes mi dolor y que tú obras para que todo salga bien.*

## SORPRÉNDETE

¿Por qué tu nariz se escurre cuando lloras? Es porque tus lágrimas —al menos las que no te corren por el rostro— se drenan en tu cavidad nasal por medio de unos pequeñísimos agujeros en los rincones de tus párpados. Cuando llegan allí, o te los tragas, o se escurren por tu nariz. ¡Y tú creías que solo tus ojos lloraban!

# TORCIDO

**¡Quédense quietos y sepan que yo soy Dios!**
—SALMOS 46:10

**El tornado es una de las tormentas más fascinantes y aterradoras.** Estos tubos de aire que giran violentamente se extienden desde las nubes hasta la tierra. La mayoría de los tornados tienen vientos de menos de 150 kilómetros por hora, pero algunos pueden alcanzar i*casi 500 kilómetros por hora*!

¿Alguna vez has visto un tornado? Empiezan casi transparentes, como el aire que los forma. Pero conforme giran, recogen pedazos de polvo y lodo y basura, lo cual les da un color oscuro, sombrío. Un tornado puede tocar tierra solo unos segundos y viajar solo unos cien metros, o puede durar más de una hora y viajar muchos kilómetros. Entre más veloz es su viento y más se queda en tierra, mayor es el daño que puede causar. Los tornados débiles pueden tumbar solo una rama que otra, pero los tornados fuertes pueden arrancar por completo de sus cimientos una casa entera y lanzar automóviles por el aire como misiles.

## SORPRÉNDETE

Tornados suceden en los Estados Unidos más que en cualquier país del mundo, más de 1200 por año. La mayoría suceden en el «Callejón de los Tornados» en Medio Oeste del país. Texas tiene el mayor número de tornados cada año, como 155, Kansas como 96, Florida 66 y Oklahoma como 62.

A veces, los problemas pueden ser como tornados. Uno pequeño puede echar a perder un día, pero uno grande puede dejarte todo torcido en tu interior por largo tiempo. ¿Qué debes hacer cuando todo está girando fuera de control? *Detente.* Así es. Simplemente detente. «Quédense quietos —dice Dios—, y sepan que yo soy Dios». Recuérdate a ti mismo que Dios es más grande que cualquier problema, y que él nunca te dejará enfrentar la tormenta solo. Él tiene el poder de detener aun el más poderoso tornado.

*Señor, cuando los problemas de este mundo giren alrededor de mí como los vientos de un tornado, ayúdame a recordar que tú eres más grande y fuerte. Confía que tú me pongas a salvo durante las tormentas de la vida.*

# ECLIPSADO

**Alégrense con los que están alegres y lloren con los que lloran.**
—ROMANOS 12:15

**Tu mejor amigo logró entrar en el equipo, pero tú no.** Tu hermana obtuvo puros 10 en sus calificaciones, pero tú no. ¿Qué hacer? ¿Llenarte de autolástima y mal humor o simplemente no volverles a hablar? O quizás *tú* lograste entrar en el equipo, pero ahora tu amigo está molesto. Y quizás *tú* obtuviste los 10, mientras que a tu hermana no le fue tan bien. ¿Qué debes hacer?

Cuando una persona parece brillar más que otra, es como eso que a veces le sucede a nuestro sol y luna que se llama un *eclipse*.

Un eclipse sucede cuando un planeta o luna pasa entre dos objetos astronómicos, como otro planeta, la luna o el sol. Cuando la luna se alinea entre el sol y la tierra, la luna bloquea la luz del sol. Eso se llama un eclipse solar. Cuando la tierra se mete entre el sol y la luna, impide que la luz del sol llegue a la luna. Eso se llama un eclipse lunar. Un eclipse lunar puede durar algunas horas, mientras que un eclipse solar solo dura unos minutos.

Así que, a veces le toca al sol brillar, y a veces le toca a la luna reflejar la luz del sol. Es igual con las personas. A veces te toca brillar, ser el que gana, ser elegido para el equipo o sacarte un 10 en el examen. Y a veces te toca ser «eclipsado» cuando alguien más brilla. ¿Qué hacer? Dios dice: Alégrate con los que están alegres y llora con los que lloran. Si tu amigo está celebrando, celebra tú también, aun si a ti no te fue tan bien. Y si tu amigo está triste, no es el momento para presumir. Sé humilde, y mejor ofrécele consuelo y ánimo, porque eso hacen los buenos amigos.

*Señor, es difícil cuando las cosas no suceden como yo quiero. Pero ayúdame a estar feliz por mis amigos cuando ellos triunfan y a ser humilde cuando a mí me toca ganar.*

Eclipse lunar

Eclipse solar

## SORPRÉNDETE

¡Hace mucho tiempo, la gente creía que la tierra era plana y que podías caerte de la orilla! Pero los eclipses lunares les ayudaron a descubrir que la tierra es una esfera. Y esto es porque durante un eclipse lunar, la sombra de la tierra se puede ver en la superficie de la luna. ¡Cuando la gente vio que su sombra era redonda, concluyeron que seguramente la tierra lo era también!

# ¡CUIDADO! ¡VA A ESTALLAR!

**Los que tienen entendimiento no pierden los estribos;
los que se enojan fácilmente demuestran gran necedad.
—PROVERBIOS 14:29**

**Imagina una explosión tan poderosa que dispara roca líquida y cenizas cientos de metros en el aire, provocando incendios masivos, tsunamis y tormentas eléctricas.** Suena como algo de una película de ciencia ficción, ¿verdad? Pero no es ficción; ¡es ciencia! La ciencia de un volcán en erupción, es decir.

Hay unos 1500 volcanes activos en la tierra, ¡y unos 20 de ellos están haciendo erupción en este mismo instante! Entonces, ¿cómo estalla un volcán? Recuerda que la capa exterior de la tierra se llama la corteza terrestre. Y esta no es completamente sólida. Está compuesta de enormes piezas de rompecabezas llamadas *placas tectónicas*. Debajo de esas placas (como 28 kilómetros bajo la superficie de la tierra) hay una capa de roca líquida hirviendo llamada magma, junto con muchos gases explosivos. Las placas tectónicas «flotan» sobre el magma y se rozan unas contra otras. Al mismo tiempo, aumenta la presión en la magma y gases hasta que... *¡boom!* Esta mezcla derretida hirviente estalla por las grietas en la corteza terrestre. El magma, la cual se llama *lava* cuando sale a la superficie de la tierra, es arrojada a una temperatura de más de mil grados centígrados, quemando todo lo que toca.

> ## SORPRÉNDETE
>
> El volcán más grande sobre la superficie de la tierra es Maauna Loa en Hawái. ¡Mide más de 4 kilómetros de alto! Pero hay un volcán aún más grande, ¡en Marte! Así es. El volcán más alto en nuestro sistema solar es el monte Olimpo en Marte. Este volcán mide 21 kilómetros de alto y 600 de ancho.

¿La imagen de un volcán estallando te recuerda alguna cosa o *persona*? Palabras como ardiente y explosivo no solo describen volcanes, también pueden describir tu genio. Por supuesto que todos nos enojamos, aun Jesús lo hizo. Pero cómo manejas tu enojo hace toda la diferencia. Si te encuentras «arrojando» palabras violentas o «estallas» con cualquiera que te estorba, respira hondo y salte de ahí. Apártate a solas y habla con Dios. Dile lo que está sucediendo, y pídele que te muestre cómo manejar tu enojo de la manera correcta... porque no quieres que otros digan de ti, ¡Cuidado! ¡Va a estallar!

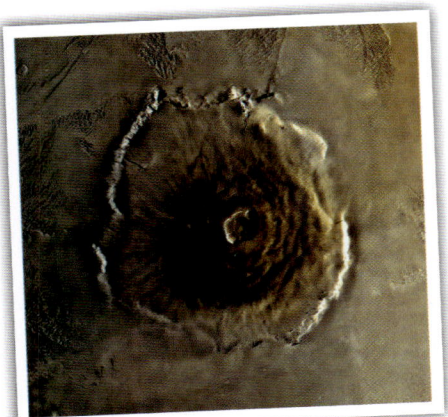

*Señor, cuando me enojo, ayúdame a no arrojar palabras necias y violentas que solo empeoran las cosas. En vez de eso, dame las palabras y la sabiduría para mejorar las cosas.*

# ¡TAN GRANDE!

**¡Y esto es solo una muestra de sus obras, un murmullo que logramos escuchar! ¿Quién podrá comprender su trueno poderoso?**
—JOB 26:14, NVI

**Algunas estrellas son enormes, tan enormes que ¡estalla tu imaginación!** Hay una estrella que los científicos llaman VY Canis Majoris, cuya anchura mide 2700 millones de kilómetros. Si la tierra fuera del tamaño de una pelota de golf, VY Canis Majoris tendría la altura del Monte Everest, el cual mide 8848 metros.

Las estrellas también son poderosas. El sistema de estrellas Eta Carinae es uno de los más grandes de nuestra galaxia. ¡Es 90 veces más grande que nuestro sol, y 5 millones de veces más brillante! Pero este no es el más brillante. Las estrellas moribundas pueden brillar aún más. En un punto de su fin, la Supernova 1987A brilló el equivalente de 100 millones de nuestro sol.

Y nuestro Dios las hizo todas, y trillones de trillones más. Así de grande y fuerte y poderoso es nuestro Dios. Así que no hay nada en tu vida con lo que él no pueda. ¿Hay alguien que te intimida? Pídele a Dios que te ayude. ¿Estás batallando para ser amable con tu hermano o hermana? Pídele a Dios que te ayude. ¿Alguna otra cosa te aflige? Ya lo sabes, pídele a Dios que te ayude. El que hizo las estrellas estará a tu lado.

A veces Dios hace que el problema simplemente desaparezca. O puede enviarte a alguien a ayudarte. O te recordará su Palabra. Pero Dios siempre caminará contigo a través de todo el lío, dándote su fuerza y poder para hacer lo correcto, aun cuando es difícil. No hay problema demasiado grande

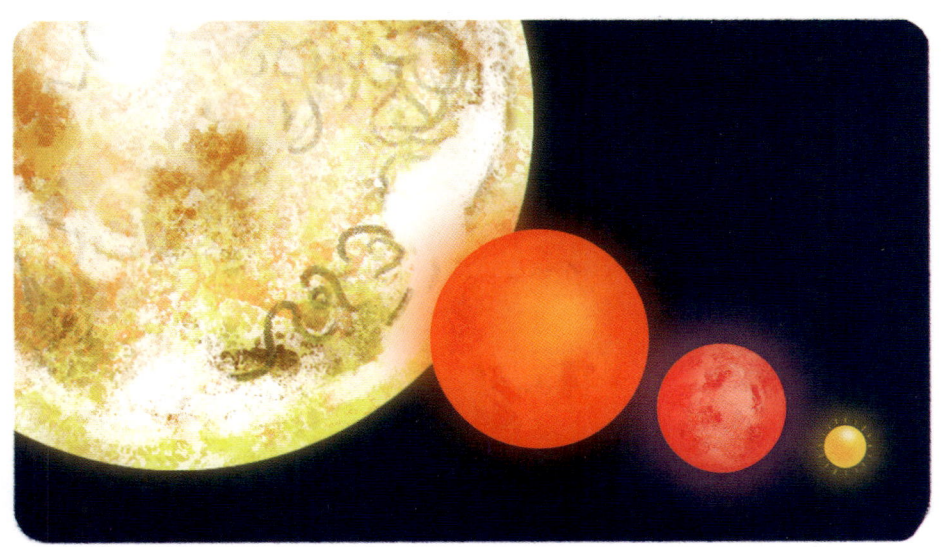

o demasiado pequeño para que Dios te ayude con él. Es como la canción que dice: *Nuestro Dios es tan grande y poderoso. ¡No hay nada que no pueda hacer!*

**Dios, sé que no hay nada que tú no puedas hacer, así que confío en que me ayudarás con cualquier cosa que se me atraviese el día de hoy.**

## SORPRÉNDETE

Hasta ahora, el récord de la estrella más grande en el universo es de UY Scuti. Es una estrella roja supergigante ubicada a 9500 años luz. Los científicos creen que es 1700 veces más grande que nuestro sol. Pero los científicos descubren nuevas estrellas todo el tiempo, así que, solo Dios sabe si UY Scuti realmente es la estrella más grande del universo.

# ROCA DINOSAURIO

**Ámense unos a otros. Ustedes deben amarse de la misma manera que yo los amo. Si se aman de verdad, entonces todos sabrán que ustedes son mis seguidores.**
—JUAN 13:34–35, TLA

**No todas las rocas son solo rocas.** Algunas son fósiles, rocas que tienen grabadas imprentas de animales o plantas antiguas. Como verás, cuando un animal se muere, su cuerpo pronto se descompone y la mayoría de las veces desaparece. Pero si un animal muere en un lugar lleno de agua, su cuerpo puede hundirse en el lodo, o puede quedar cubierto con rapidez con tierra fangosa.

Cuando esto sucede, las partes blandas del cuerpo del animal —como su piel o sus órganos internos— se descomponen, pero las partes duras —como huesos y dientes— se preservan. Con el paso de mucho tiempo, roca sedimentaria se forma alrededor de estos restos animales, formando así fósiles (roca sedimentaria se forma cuando pequeños fragmentos de rocas, conchas o huesos se pegan entre sí). ¡Plantas, huellas de animales, nidos y hasta popó, todos se pueden convertir en fósiles!

## SORPRÉNDETE

Imagina un animal del tamaño de una ardilla con una gran cola, tupida y suave. Ahora imagínala con grandes ojos y un hocico más largo, ¡y colmillos! Eso es lo que los científicos creen que han hallado en unos fósiles recolectados en Argentina, y están llamando a esta criatura extinta la «ardilla dientes de sable».

Científicos llamados paleontólogos estudian los fósiles y logran aprender mucho acerca de las antiguas plantas y animales al estudiar lo que han dejado atrás en las rocas. Sin fósiles, ¡ni siquiera sabríamos de la existencia de los dinosaurios!

¿Sabías que tú también dejas fósiles —o por lo menos impresiones— dondequiera que vayas? De acuerdo, no son realmente rocas. Pero en vez de eso, dejas impresiones en el corazón de personas por lo que haces y dices, y en cómo haces sentir a la gente. Jesús dijo que podríamos distinguir qué gente le pertenece a él por el amor y bondad que le muestran a los demás. Así que, ¿haces sentir bien a la gente a tu alrededor? ¿O huyen de ti como si tú fueras un Tiranosaurio Rex? Así como los científicos aprenden acerca de dinosaurios por las impresiones fósiles que dejan, la gente aprende acerca de Jesús por las impresiones que sus seguidores dejan. ¡Asegúrate que tus «fósiles» sean de los que la Roca —o sea, Jesús— se sentiría orgulloso!

*Señor, enséñame a amar a otros como tú me has amado a mí. Que las «impresiones fósiles» que yo dejo sean las que hacen que la gente quiera aprender más acerca de ti.*

## 66

# TODOS JUNTOS

**El cuerpo humano tiene muchas partes, pero las muchas partes forman un cuerpo entero. Lo mismo sucede con el cuerpo de Cristo [...]. Dios ha puesto cada parte justo donde él quiere.**
**—1 CORINTIOS 12:12, 18**

**Tu cuerpo se compone de billones de células, las cuales son la unidad básica de todo ser viviente.** Recuerda, los científicos creen que tu cuerpo tiene alrededor de ¡37,2 billones de células! Y cada célula tiene una función. Algunas células trabajan para fortalecer la piel y los huesos, otras producen energía, otras transportan oxígeno, otras son con las que piensas, otras perciben lo que sucede a tu alrededor, otras atacan bacterias, la lista no tiene fin. Así que, básicamente, tu cuerpo es como una compañía de electricidad, un centro de transportes, una red de comunicaciones, un hospital y un campo de batalla, todos juntos. ¡Así es como Dios creó tu cuerpo con todas esas células colaborando unas con otras para hacer cosas asombrosas!

Este es el detalle: tus células tienen que trabajar *juntas* o tu cuerpo no funcionará. Imagina si una célula del corazón dijera: «Hoy no tengo ganas de bombear». O una neurona (célula del sistema nervioso) afirmara: «Hoy no siento nada». Dios creó tus células para trabajar *juntas*.

Esa también es la forma en que Dios creó su cuerpo de seguidores, para que trabajemos juntos. Justo como una célula, cada persona tiene una función. Algunos cristianos enseñan y predican, otros dirigen la alabanza, otros son artistas o escritores, algunos son genios en las matemáticas, y otros alimentan a los pobres, ayudan a los enfermos y sacan la basura del edificio de la iglesia. Es

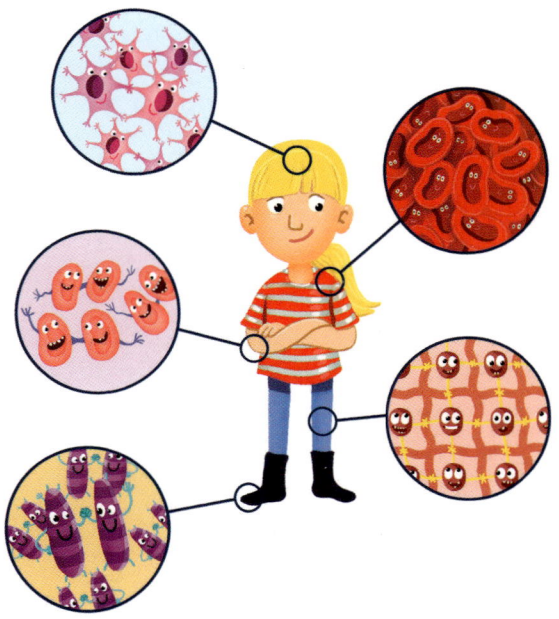

fácil pensar que algunas funciones son mejores o aun más «santas» que otras. ¡Pero eso no es verdad! *Cada* función es importante. Y todos nosotros, las «células», tenemos que trabajar juntos para que el «cuerpo» de Cristo pueda hacer lo que debe hacer: ser Sus ayudantes en la tierra.

> *Querido Dios, entiendo que soy una «célula» en el cuerpo de tu reino. Muéstrame qué función quieres que lleve a cabo, ¡y ayúdame a hacerlo lo mejor que puedo!*

## SORPRÉNDETE

Tu cuerpo tiene más bacterias que células humanas. ¡Qué asco! Pero las bacterias son tan pequeñas que si reúnes todas las que hay en tu cuerpo, solo llenarías dos frascos de un litro. Las bacterias le ayudan a tu cuerpo a digerir alimentos y a resistir las enfermedades. Así que, resulta que todo ese «asco» es bastante bueno para ti.

# ¡UNA AUTÉNTICA JOYA!

**Pero tenemos este tesoro en vasos de barro, para que se vea que la excelencia del poder es de Dios, y no de nosotros.**
—2 CORINTIOS 4:7, RVC

**Brilla, brilla… ¿planetita?** Así es. Los científicos han descubierto un planeta —55 Cancri E— que se piensa está cubierto de diamantes y grafito (a diferencia de la superficie de la tierra, la cual está cubierta de agua y granito). De hecho, los científicos estiman que al menos un tercio de la masa de ese planeta puede consistir de diamantes. ¡Eso alcanza para muchos anillos de diamante!

Descubierto en el 2004, 55 Cancri E está a 40 años luz de la Tierra, ieso es 40 multiplicado por 9,5 billones de kilómetros! El planeta diamante viaja a una supervelocidad alrededor de su propio sol. Su año, es decir, una órbita completa alrededor de su sol, dura solo 18 horas, mientras que la de la tierra dura 365 días.

Los expertos calculan que los diamantes del planeta valen $26,9 nonillones, ieso corresponde a 269 seguido por 29 ceros! ¡Esos son más dólares de los que jamás tendrás! Pero antes de que te lances a ir en busca de tesoros en 55 Cancri E, debes saber que no solo está este planeta más lejos de lo que puedes viajar, sino que también es algo cálido... 2400 grados centígrados.

Pero tienes suerte porque hay un tesoro mucho más grande y mucho más cerca. Es el tesoro del Espíritu Santo de Dios. De hecho, cuando te conviertes en seguidor de Cristo, este tesoro viene a vivir adentro de ti. Él es tu Ayudador, tu Consolador y tu Guía. «Él [te enseña] todas las cosas» y «[te recuerda] todo» lo que Jesús dijo en su Palabra (Juan 14:26). ¡Es el Espíritu de Dios *viviendo* dentro de ti! Y eso es un tesoro que vale más que un planeta lleno de diamantes.

*Señor, gracias por el tesoro del Espíritu Santo que has escondido dentro de mí. Ayúdame a escuchar su voz, para que yo pueda aprender más acerca de cómo vivir para ti.*

## SORPRÉNDETE

Los científicos han descubierto varios planetas asombrosos y... raros. Uno de los más extraños es el planeta «Mármol Azul» (también conocido por su nombre más aburrido: HD 189733b). Está a 63 años luz, y su temperatura sube a 925 grados centígrados. Pero lo extraño es que su color azul viene de una atmósfera que illueve vidrio derretido, horizontalmente, en vientos mayores a 6000 kilómetros por hora!

## 68

# LO QUE NO SABÍAS ACERCA DE LA PIEL

**El Señor te cubrirá con sus plumas,
y vivirás seguro debajo de sus alas.
¡Su verdad es un escudo protector!
—SALMOS 91:4, RVC**

**Tu piel es mucho más de lo que puedes ver.** Para empezar, tu piel es un órgano, igual que tu corazón, tus pulmones y tus riñones. De hecho, es el órgano más grande de todo tu cuerpo. ¡La persona promedio tiene 2 metros cuadrados de piel! Eso es casi del tamaño de una cobija. Hay piel de todos los colores, todos creados por el uso que Dios le da a un pigmento llamado *melanina*. Piensa en la melanina como un artista piensa en la pintura. Entre más melanina tienes, más oscura es tu piel. Entre menos tienes, más pálida es tu piel.

La piel no solo cubre tus huesos y tus músculos, también percibe el ambiente a tu alrededor y te ayuda a controlar la temperatura de tu cuerpo. Tu piel suda para refrescarte cuando tienes calor, y cierra sus poros (es cuando se te hace la piel de gallina) para retener calor cuando tienes frío. Pero una de las tareas más importantes de tu piel es proteger el resto de tu cuerpo de heridas y enfermedades. Es como un escudo para tu cuerpo.

Así como tu piel es el escudo para tu cuerpo, Dios es el escudo para tu corazón, mente, espíritu y cuerpo. Es fácil tener miedo y ansiedad acerca de las cosas malas que pueden pasar en el mundo. Pero la Biblia está llena de las promesas de Dios de velar sobre ti y protegerte, como esta promesa que Dios dio en Salmos 18:30 (NVI): «La palabra del Señor es intachable. Escudo es Dios a los que en él se refugian». Y esta: «Él es nuestra ayuda y nuestro escudo». (Salmos 33:20). Y: «El Señor es mi fuerza y mi escudo; mi corazón en él confía; de él recibo ayuda» (Salmos 28:7, NVI). La lista es muy larga. Así que, cuando tengas miedo o te sientas amenazado, ¡corre hacia Dios y él será tu escudo!

*Dios, tú eres mi roca, mi protección, mi salvador y mi escudo. Cuando las cosas se pongan difíciles, estoy tan agradecido que me rodeas y me proteges.*

## SORPRÉNDETE

Algunos datos raros acerca de la piel: Debajo de todo su pelaje, la piel del oso polar es negra. La piel de un rinoceronte puede medir casi 5 centímetros de espesor. ¿Y las ranas? Su piel es singular; en vez de beber agua con su boca, ¡la absorben por medio de su piel!

# SÓLIDO COMO UNA ROCA

**[El] hombre sabio [...] edificó su casa sobre la roca; y cayó la lluvia, vinieron los torrentes, soplaron los vientos y azotaron aquella casa; pero no se cayó, porque había sido fundada sobre la roca.**
—MATEO 7:24–25, NBLH

**La siguiente vez que andes afuera, observa bien las rocas a tu alrededor.** ¿Alguna vez te has preguntado de qué están hechas? Bueno, eso depende del *tipo* de rocas que sean.

Las rocas se forman de tres posibles maneras, y cada una tiene un nombre diferente. Primero están las rocas *ígneas*. Estas se forman cuando el magma (recuerda, eso es lava subterránea) se enfría y se hace sólido. El granito y la piedra poma son rocas ígneas. Las rocas *sedimentarias*, como la caliza y la arenisca, son el segundo tipo de roca. Estas se forman cuando trocitos de otras rocas, conchas o huesos, se pegan entre sí y se endurecen, a menudo en el fondo de lagos u océanos. Finalmente, están las rocas *metamórficas*. Estas rocas se forman cuando otros tipos de rocas son sometidas a extrema presión bajo altísimas temperaturas por largos períodos de tiempo, causando que cambien o se *metamorfoseen*. Incluyen el mármol (que viene de la piedra caliza) y el cuarzo (que viene de la arenisca).

Por siglos las rocas se han usado para toda clase de cosas, desde armas o herramientas hasta joyería. Pero uno de sus usos más comunes es para la construcción. ¿Por qué? Porque son pesadas y sólidas. No pueden ser derrumbadas por cualquier lluvia o viento. ¡Puedes contar con las rocas!

¿Sabías que a Dios a veces se lo llama la Roca (Salmo 18:2)? Ninguna roca en la Tierra puede compararse con su fuerza, pero sí te ayudan a entender cuánto puedes contar con él para protegerte y salvarte. Su amor por ti es sólido, no cambia, aunque cualquier otra cosa en el mundo cambie. Y cuando construyes tu vida en él, él no dejará que ninguna tormenta te derribe.

*Señor, tú eres mi Roca. Tú me proteges, me sostienes, y tú eres el fundamento firme de mi vida. Gracias, Dios.*

## SORPRÉNDETE

Algunas rocas están fuera de este mundo. ¡En serio! Vienen del espacio. Cuando un meteoro choca contra la atmósfera de la Tierra, la mayoría se consume ardiendo. Pero la parte que queda —la que cae en la Tierra— se llama meteorito. El más grande jamás encontrado fue en la década de 1920. Se llama el Meteorito Hoba. Mide 3 metros de largo y 3 de ancho, y pesa 60 toneladas.

# ¡INCREÍBLE!

**Porque para Dios no hay nada imposible.**
—LUCAS 1:37, NVI

**El cuerpo humano puede ser entrenado para hacer cosas asombrosas, ¡cosas que parecen imposibles!** Por ejemplo, el corredor olímpico Usain Bolt corrió los 100 metros planos en solo 9,58 segundos, y es considerado el hombre más veloz en la tierra. Florence Griffith Joyner —la mujer más veloz del mundo— corrió esos mismos 100 metros en solo 10,49 segundos. Compara esa velocidad a la del guepardo, que puede correr los 100 metros en 5,95 segundos. Claro, eso es si el guepardo quiere correr en una carrera.

Otras personas se han entrenado para nadar tan rápido como un pez. El nadador olímpico Michael Phelps puede nadar 100 metros en solo 51 segundos,

## SORPRÉNDETE

y Katie Ledecky en solo 53,75 segundos. ¡Asombroso!

Sí, los seres humanos podemos entrenar nuestros cuerpos para hacer cosas asombrosas. Pero cuando combinas el cuerpo humano con el poder de Dios, eso es cuando de veras se ven cosas increíbles. A veces Dios da a sus seguidores fuerza asombrosa, como Sansón que mató a un león y luego destruyó un templo solo con sus manos. En otras ocasiones, Dios da a los suyos el valor para hacer grandes cosas, como cuando Esther arriesgó su vida para ir delante del rey Asuero para salvar a su pueblo. O cuando David enfrentó a Goliat porque nadie más lo haría. O cuando Gedeón confrontó todo un ejército con solo 300 hombres. Y a veces Dios le da a los suyos las palabras que él quiere que digan, como lo hizo con Moisés, Pedro y Pablo.

Pero Dios no da fuerza milagrosa solo a algunas personas en la Biblia, él te da la misma ayuda sobrenatural a ti también. Dios te da la fuerza para resistir la tentación. Él te da el valor para hacer lo correcto cuando todos los demás están haciendo lo malo. Y él te da las palabras para compartir sus buenas noticias. Porque con Dios, cosas increíbles —aun imposibles— suceden todo el tiempo.

El ave más veloz del mundo es el halcón peregrino, el cual puede alcanzar velocidades de 320 kilómetros por hora cuando ataca. El animal del mar más rápido es el pez vela, con velocidades de hasta 110 kilómetros por hora. Pero el animal terrestre más veloz del cual tenemos conocimiento fue un guepardo llamado Sarah en el zoológico de Cincinnati, con una velocidad récord de 98 kilómetros por hora.

*Querido Dios, tú me creaste en una manera asombrosa y maravillosa. Por favor usa mi cuerpo, mente y espíritu para decirle a los demás acerca de ti.*

# JUSTO EL TAMAÑO CORRECTO

**Alábenlo, sol y luna, alábenlo, estrellas luminosas. Alábenlo ustedes, altísimos cielos.**
—SALMOS 148:3-4, NVI

**¿Qué tan grande es el universo?** Bueno... la verdad... no tenemos idea.

El sol, que es nuestra estrella más cercana, está a 150 millones de kilómetros de la Tierra. Nuestra galaxia, la Vía Láctea, es tan grande que si volaras en la nave espacial más rápida, te tomaría 100 000 años luz atravesarla. ¿Y nuestra galaxia vecina más cercana, la galaxia enana Can Mayor? Está a 25 000 años

luz. (Recuerda, un año luz es la distancia que la luz puede viajar en un año: 9,46 billones de kilómetros. Así que, si multiplicas eso por 25 000, pues, ¡solo digamos que es un número increíble!).

Con el telescopio espacial Hubble —un poderoso telescopio espacial que toma imágenes de objetos mucho más lejanos de lo que nosotros podemos ver— hemos podido observar algunas cosas increíbles, como galaxias que están a 12 000 millones de años luz. Y eso es solo lo que conocemos hasta ahora. Se llama el «universo conocido». Los científicos creen que hay mucho más por descubrir. Es como si Dios nos dijera: *Construyan un telescopio más grande y les mostraré algunas cosas realmente asombrosas. ¡Tengo cosas acá arriba que los dejarán atónitos!*

Pero todos estos descubrimientos han confundido a algunos científicos. Se preguntan: ¿Cómo podría un universo tan grande ser solo para nosotros? ¿Sabes qué? Tienen razón... este universo es demasiado grande para ser solo para nosotros. ¿Pero qué si Dios no hizo el universo solo para ser nuestro hogar? ¿Qué si Dios hizo el universo para demostrar el esplendor, la majestad, la grandeza y la gloria de quién él es y cuán grande él es? Entonces el universo no es demasiado grande. Es exactamente del tamaño correcto... es de la talla de Dios.

## SORPRÉNDETE

En 1924, Edwin Hubble fue el primero en demostrar que otras galaxias existen mucho más allá de la Vía Láctea. (¡El telescopio Hubble fue nombrado en su honor!) Desde entonces, el telescopio espacial Hubble ha descubierto miles de millones de galaxias y los científicos creen que existen otros miles de millones que todavía no encontramos.

*Dios, tú eres tan grande y poderoso. Gracias por crear un universo tan grande que me recuerda tu poder. Tú eres de la talla perfecta para mí.*

# PODER CEREBRAL

**Ama al Señor tu Dios con todo tu corazón, con todo tu ser, con todas tus fuerzas y con toda tu mente.**
—LUCAS 10:27, NVI

**Tu cerebro es mucho más que solo una masa de kilo y medio de jalea gris rosa.** Tu cerebro es más rápido que la computadora más veloz. Controla todo tu cuerpo, desde tu respirar hasta el latir de tu corazón hasta tu dormir, y todo lo demás. Te dice lo que estás viendo, oliendo, gustando, oyendo y tocando. Tu cerebro no solo es con lo que piensas, también almacena tus memorias e imagina tus sueños. Te dice cuándo reír, cuándo llorar y qué hacer cuando estás enojado. Los científicos ni siquiera han descubierto todo lo que tu cerebro hace, y definitivamente no entienden cómo hace todo lo que hace.

Pero Dios entiende. El creó tu cerebro —junto con todo el resto de tu cuerpo— y él dice que está formado de manera «admirable y maravillosa» (Salmos 139:14, NVI). Pero Dios no creó tu cerebro solo para estar dormido en tu cabeza; él quiere que lo uses para su gloria. Eso significa usar tu poder cerebral para pensar en nuevas maneras de ayudar a otros, de servirlo a él y de contarle a otros acerca de él. Significa llenar tu mente con su Palabra leyendo y memorizando las Escrituras. ¡Dios solo hizo un cerebro como el tuyo, y te lo dio a ti!

Cuando estás en un problema tan grande que te tiene preocupado, usa tu cerebro para recordarte a ti mismo quién Dios es y lo que él te ha prometido— siempre estar contigo, siempre amarte y siempre protegerte. Entonces, cuando el problema esté resuelto, usa tu cerebro para alabar a Dios. Tu cerebro es un regalo de Dios, ¡asegúrate de usarlo!

*Querido Dios, llena mi mente con pensamientos de tus maravillas. Y ayúdame a usar mi poder cerebral para pensar en nuevas maneras de servirte.*

## SORPRÉNDETE

El cachalote tiene el cerebro más grande de todos los animales. Pesa 8 kilos y puede llegar a medir más de 800 centímetros cúbicos. Compara eso con el cerebro humano, que pesa solo como un kilo y medio. Pero ese tamaño de cerebro no hace a la ballena más inteligente. La inteligencia viene de cómo el cerebro funciona y su tamaño en proporción al resto del cuerpo. ¡Ahí es donde los seres humanos están ¡una cabeza por encima de los demás!

# NEBLINA

*Examíname, oh Dios, y conoce mi corazón;
pruébame y conoce [mis] pensamientos.*
—SALMOS 139:23

**Niebla... no puede faltar en una película de terror o en historias de fantasmas.** Se desliza serena, húmeda y fría, y añade una capa de misterio a todo lo que cubre. Quizá la has visto, impenetrable, especialmente si estás despierto temprano en la mañana. Así que, ¿qué es la niebla?

## SORPRÉNDETE

En el desierto de Atacama, en la costa de Chile, no cae mucha lluvia. Pero sí hay mucha niebla. Los aldeanos ahí han encontrado la manera de capturar el agua de la niebla usando redes, para así producir agua potable. ¡Una inteligente solución a un sediento problema!

---

La niebla en realidad es una nube volando bajo, una *nube estrato* para ser exacto, hecha de una colección de microgotas o cristales de agua. Estas gotas son tan pequeñas y ligeras que flotan en el aire.

La niebla usualmente no dura mucho. Tan pronto sale el sol, el calor de sus rayos «quema» la niebla (¡como si la derritiera!) y hace que todo se esclarezca de nuevo.

Esto es exactamente lo que sucede con el Hijo (Jesús). Es que a veces este mundo te dice mentiras y son fáciles de creer. Mentiras como: «No sirves para nada» o «nadie te quiere». Quizá mentiras como: «Nunca haces nada bien» o «no vales nada». Esa clase de pensamientos pueden «nublar» tu cerebro de manera que no puedas ver la verdad. Cuando tus pensamientos se atoren en una niebla así, es tiempo de «asolearte» a la luz del Hijo. Habla con Jesús. Lee acerca de cuánto él te ama y cuán maravillosamente te hizo. Su Palabra siempre es verdad y siempre da luz. Y la luz del Hijo siempre eliminará la «niebla» de las mentiras de este mundo.

> *Señor, es tan fácil perderme en una niebla de mentiras. A veces no me dejan ver o pensar con claridad. Por favor, disipa la niebla y muéstrame la verdad de tus promesas.*

# ¿QUIÉN CAZA A QUIÉN?

**¡Estén alerta! Cuídense de su gran enemigo, el diablo, porque anda al acecho como un león rugiente, buscando a quién devorar.**
—1 PEDRO 5:8

**Los depredadores son animales que cazan y se comen a otros animales.** Por otra parte, a los animales que cazan y se comen los llamamos *presa*. Cuando piensas en depredadores probablemente imaginas leones rugientes y osos amenazantes, ¿pero sabías que las mariquitas también son depredadores? Así es; se comen otros insectos. ¿Y ese dulce pajarito comiendo las semillas que le dejaste? No solo come semillas. También caza gusanos y otros insectos.

Así como hay depredadores de todos los tamaños y las formas, también tienen diferentes maneras de cazar. Algunos depredadores, como los halcones, persiguen a su presa. Otros, como los lobos, acechan a su presa sigilosamente. Otros depredadores, como los lagartos, ponen una emboscada a su presa, lo cual significa que se esconden y esperan hasta que su presa se acerca lo suficiente para atraparla. Para sobrevivir, es importante para los animales presa estar siempre alerta.

Es importante que tú estés alerta también. Eso es porque un depredador te anda cazando, y su nombre es Satanás. ¡La Biblia dice que anda al acecho como un león rugiente, buscándote! Satanás usa los mismos métodos de caza que los depredadores animales. Él te perseguirá tratando de atraparte en problemas. Él te acechará con tentación, esperando que tropieces y peques. Él tratará de ponerte una emboscada, esperando que bajes la guardia no permaneciendo cerca de Dios. Cuidado con sus trampas, y quédate cerca de Dios hablando con él, alabándolo y estudiando su Palabra cada día. ¡No seas presa fácil! Dios es más poderoso que Satanás, y él siempre te puede proteger de cualquiera de los ataques de Satanás.

*Querido Dios, te pido que abras mis ojos para ver las trampas del diablo. Y te pido que me des el valor y la fuerza para mantenerme lejos de ellas. ¡Gracias por guiarme!*

## SORPRÉNDETE

Los depredadores tienen diferentes armas para matar a su presa. Los osos tienen garras, los tiburones tienen dientes, las arañas tienen veneno. Pero el camaleón tiene… su lengua. Así es. La lengua del camaleón —que llega a medir hasta 18 centímetros— está cubierta de una substancia pegajosa, como pegamento. Cuando el camaleón dispara su lengua, la presa se queda pegada a ella, y así el camaleón se la trae a su boca.

# ES UNIVERSAL

**Pongo mi arco en las nubes y será por
señal del pacto entre yo y la tierra.**
—GÉNESIS 9:13, LBLA

**La Tierra no es el único planeta en nuestro sistema solar que tiene una luna.** Saturno también tiene. De hecho, ¡tiene 53 lunas! Una de ellas se llama Titán. Esta luna lejana tiene algo que quizás hayas pensado que solo había en la Tierra, los arcoíris.

Aquí en la Tierra, los arcoíris suceden cuando la luz del sol atraviesa gotas de agua en el aire, especialmente después de la lluvia. La luna de Titán está mojada, pero no con agua. Su humedad contiene metano, un gas que es venenoso para los seres humanos. Así que los arcoíris de Titán se forman cuando la luz atraviesa las gotas de metano. ¡Mortal para los humanos, pero hermoso!

¿Recuerdas la historia del primer arcoíris? Vino después del gran diluvio. El mundo se había hecho tan malvado que Dios causó un diluvio para destruir todo lo que estaba vivo, excepto Noé, su familia y los animales en el arca. Noé se salvó porque él amaba a Dios. Cuando Noé y su familia salieron del arca, Dios les hizo una promesa: él nunca volvería a inundar la tierra. Entonces Dios puso el arcoíris en el cielo como señal de su promesa.

Entonces, ¿por qué es importante un arcoíris en una luna distante llamada Titán? Porque te dice algo acerca de Dios: ¡sus promesas son universales! No importa qué suceda, qué edad tengas o dónde estés —aunque sea en una luna llamada Titán— Dios cumple sus promesas. Cada una de ellas. Bastante asombroso, ¿no?

*Dios, tú prometes amarme siempre y ayudarme siempre. Me alegra tanto saber que tú cumplirás cada una de esas promesas.*

## SORPRÉNDETE

Seguramente has visto un arcoíris, y quizás hasta un arcoíris doble. ¿Pero alguna vez has visto un *arcoíris de círculo completo*? Probablemente no... a menos que seas un astronauta, piloto de aerolínea, o estés parado arriba de las cataratas del Niágara. Esto es porque necesitas estar arriba de las gotas de agua para ver el círculo completo de un arcoíris, de otra manera, la mitad del círculo es bloqueada por el horizonte de la tierra.

# LAS OLAS

**¿Quién es éste, que hasta el viento y el mar le obedecen?**
—MARCOS 4:41, NVI

**Las olas básicamente son el sistema circulatorio de nuestro planeta, mantienen el agua de los océanos en movimiento continuo.** Aunque los océanos cubren más del 70 % de la superficie de nuestro planeta, el agua en ellos no se queda en un lugar. Algunas olas son diminutas, tanto que casi no las puedes ver. Se llaman ondulaciones. Otras olas, como las olas rebeldes, pueden medir más de 30 metros y ¡pueden hundir hasta los barcos más grandes! La parte de arriba de una ola se llama la cresta, mientras que la parte de abajo se llama el valle. La mayoría de las olas son creadas por los vientos, pero también pueden ser creadas por corrientes submarinas, terremotos, avalanchas de rocas bajo el agua o aun por explosiones volcánicas submarinas.

Jesús conoce algo acerca de las olas. Después de todo, él las hizo. Y una vez, cuando él y sus discípulos estaban en una barca en el mar de Galilea, los alcanzó una tormenta con enormes olas. Jesús se había dormido, pero cuando las olas empezaron a golpear la barca, los discípulos, aterrados, lo despertaron. Jesús se levantó y sencillamente dijo: «¡Silencio! ¡Cálmense!» (Marcos 4:39), y el viento y las olas se detuvieron. Los discípulos se asombraron... y se asustaron. ¿Qué clase de hombre podía hacer eso? La respuesta es: solo Jesús. Porque, aunque él era completamente humano, era completamente Dios al mismo tiempo. Eso significa que él tenía todo el poder y la fuerza de Dios para dar órdenes a todas las cosas. Así que, la siguiente vez que te encuentres en medio de una tormenta aterradora —sea una tormenta de viento y olas o una tormenta de problemas— corre hacia Jesús. Él te llevará sano y salvo a través de cualquier clase de tormenta.

## SORPRÉNDETE

Un tsunami puede ser mortal. Causado por terremotos o explosiones volcánicas submarinas, estas olas empiezan pequeñas y miden solo centímetros. Pero a medida que se acercan a tierra firme, ¡pueden llegar a medir hasta 500 metros!

*Señor, a veces este mundo da miedo. Gracias por ser un Dios al cual siempre puedo acercarme. Yo sé que siempre estarás ahí para mí. No importa qué tan fuerte sea la tormenta, yo sé que tú la puedes calmar con solo una palabra.*

# EL TENUE PUNTO AZUL

[Cristo] renunció a su lugar con Dios y se redujo a nada...
Y cuando estaba viviendo como hombre, se humilló a sí
mismo y obedeció completamente a Dios. Él obedeció aun
cuando eso causó su muerte —muerte en una cruz.

—FILIPENSES 2:7–8, PARÁFRASIS

**En 1977, NASA lanzó la sonda espacial Voyager 1 con la misión de fotografiar a nuestros planetas vecinos.** Trece años después, luego de pasar por Plutón, el punto más lejano de nuestro sistema solar, a una velocidad de 65 000 kilómetros por hora, Voyager 1 se dio vuelta mirando hacia la Tierra para tomar una foto. Esa imagen ahora es conocida como «el tenue punto azul». Tomada desde 6 000 millones de kilómetros de distancia, la foto sacudió al mundo de la ciencia. ¿Por qué? Porque fue la primera vez que vimos qué tan pequeña es la Tierra en la inmensidad del universo.

¡Y eso hace lo que Jesús hizo aún más increíble! Jesús era igual a Dios, pero él renunció a su lugar en el cielo y se hizo uno de nosotros. Lo dió a luz María, una mujer campesina, cuyo esposo era carpintero. Su cama fue un bebedero de animales en el pueblo de Belén. Él creció, vivió, amó, sanó y enseñó en este «tenue punto azul». Y entonces, en obediencia a Dios, voluntariamente murió en una cruz, para que absolutamente cada persona en este pequeño punto azul pudiera ser perdonado al invocarlo.

Sí, somos indescriptiblemente pequeños. Algunos hasta dicen que no importamos. Pero cuando miramos a Jesús, el que renunció al cielo para bajar a este «tenue punto azul», nos damos cuenta de la verdad: le importamos mucho a Dios. Él dio a su propio Hijo para que le pudiésemos conocer.

> *Señor, a veces este mundo da miedo. Gracias por ser un Dios al cual siempre puedo acercarme. Yo sé que siempre estarás ahí para mí. No importa qué tan fuerte sea la tormenta, yo sé que tú la puedes calmar con solo una palabra.*

## SORPRÉNDETE

Los científicos combinaron sesenta diferentes fotos para producir la imagen llamada «el tenue punto azul». Cada foto se componía de 640 000 pixeles. El Voyager 1 estaba tan lejos de la Tierra que tomaba 5 horas y media para que cada pixel viajara por el espacio hasta nuestro planeta; no cada imagen, sino cada diminuto pixel en la imagen. Requirió *meses* para que las imágenes completas llegaran a nosotros. ¡Eso sí que es una descarga lenta!

# COLMILLUDO

**Preséntense ahora, y vean esta gran cosa
que el Señor hará delante de sus ojos.**
—I SAMUEL 12:16, NBLH

**Cuando piensas en un tiburón, probablemente lo primero que imaginas ¡son sus dientes!** ¡Hay más de 400 especies de tiburones en el mundo, y *todos* tienen dientes! Muchísimos dientes. Esto es porque ellos pierden muchos de esos dientes... cuando desgarran su presa. *¡Ay!* Los tiburones se morirían de hambre sin sus dientes, así que Dios les dio un singular sistema de remplazo de dientes.

Los dientes de un tiburón están ordenados en hileras de sus bocas, una detrás de la otra. Algunos tiburones *solo* tienen 5 hileras de dientes, pero otros, como el tiburón toro, ¡tienen 50 hileras! Estas hileras funcionan como una cinta transportadora. Cuando un diente se pierde, otro de la hilera detrás se mueve adelante a tomar su lugar.

Los tiburones no son las únicas criaturas que Dios cuida en maneras singulares. Él tiene algunas maneras bastante inusuales para cuidar a su gente también. Piensa en los israelitas que vagaron y acamparon en un desierto por 40 años. ¡Su calzado y su ropa nunca se desgastó! Y luego Elías, Dios lo alimentó enviando cuervos a que le llevaran pan y carne. ¿Y la viuda de Sarepta? Aun en medio de una terrible hambruna, sus vasos de aceite y harina nunca se agotaron. ¡Qué milagro! Hay muchos ejemplos más de la protección milagrosa de Dios en la Biblia. El punto de todos ellos es que Dios cuida a su gente, a veces en maneras asombrosas, creativas y milagrosas.

Así que, siempre puedes confiar que él te cuidará a ti. ¡Solo observa y nota las maneras creativas en que lo hace!

*Señor Dios, eres asombroso en todas las maneras que cuidas a tu creación. Abre mis ojos para ver cómo cuidas de mí.*

## SORPRÉNDETE

Los tiburones nacen con un juego completo de dientes, ¡a diferencia de los humanos que nacemos sin dientes! Los dientes de los tiburones varían en su forma dependiendo del tipo de tiburón y lo que come. Por ejemplo, el tiburón mako tiene dientes como navajas para desgarrar, mientras que el tiburón cebra tiene dientes planos para moler las conchas de los moluscos que le gusta comer.

# ATRACCIÓN MAGNÉTICA

**Dichosos ustedes, cuando la gente los insulte y los maltrate, y cuando por causa mía los ataquen con toda clase de mentiras. Alégrense, estén contentos, porque van a recibir un gran premio en el cielo.**
—MATEO 5:11-12, DHH

**Hay imanes a todo tu alrededor.** Puede que haya algunos pegados a tu refrigerador. ¿Cómo se forman los imanes, y qué les da su misterioso poder de atracción? Recuerda que toda materia —todo lo que puedes ver y tocar— está hecha de millones de partículas microscópicas llamadas *átomos*. Dentro de estos átomos hay partículas aún más pequeñas llamadas *electrones*. Usualmente, los electrones vuelan en todas direcciones, pero, a veces, los electrones todos vuelan en la misma dirección, creando una fuerza invisible llamada *magnetismo*. Esto sucede más a menudo en objetos metálicos de hierro o acero, creando así un *imán*. Objetos magnetizados atraen otros objetos de hierro o acero.

Cada imán tiene dos *polos* (o extremos), uno positivo y otro negativo. Si pones un extremo positivo cerca de uno negativo, como que saltarán y se pegarán. A esto le llamamos *atracción*. Pero si juntas dos extremos positivos o dos negativos, se alejarán el uno del otro (se *repelerán*). Busca unos imanes y pruébalo tú mismo, es divertido.

Este atraer y repeler se parece mucho a cómo las personas a veces

reaccionan a la fe en Jesús. Cuando vives tu vida amando y obedeciendo a Dios, brillas como la luz. Esa luz atraerá a algunos, y tendrás la maravillosa oportunidad de contarles acerca de Jesús. Pero esa luz repelará a otros. No querrán saber nada acerca de Dios. Algunos simplemente te ignorarán; pero otros puede que te insulten y se burlen de lo que tú crees. Pero no te preocupes. Jesús dijo que cuando estas cosas sucedan, en verdad eres dichoso. ¿Por qué? Porque significa que verdaderamente lo estás siguiendo.

*Señor, ayúdame a vivir una vida «magnética» que atraiga a la gente hacia ti. Y cuando mi fe repele a algunos, ayúdame a amarlos de todos modos.*

## SORPRÉNDETE

¿Quieres hacer tu propio imán? Es fácil. Solo necesitas un par de clips de papel y un imán de refrigerador. Talla el imán sobre uno de los clips —pero no hacia delante y hacia atrás— tállalo solo en una dirección, como 50 veces, lo más rápido que puedas. Entonces toca el clip magnetizado al otro clip, y ¡mira cómo se pegan!

# ¿DURO DE CORAZÓN?

**Les daré un corazón nuevo y pondré un espíritu nuevo dentro de ustedes; quitaré de su carne el corazón de piedra y les daré un corazón de carne.**
**—EZEQUIEL 36:26, NBLH**

**Usualmente pensamos que nuestro planeta está hecho de tierra, arena y piedras, pero eso es solo la superficie.** Nuestra tierra en realidad está compuesta de cuatro capas. La capa superior se llama corteza terrestre, y tiene cerca de 40 kilómetros de espesor. (Eso es más que cuatro montes Everest apilados uno encima del otro.) Luego están el manto superior, el manto inferior, el núcleo externo y el núcleo interno. El núcleo interno es el que está en el centro, en el corazón de la tierra. El núcleo interno es bastante grande, mide más de 1200 kilómetros de diámetro. Y está súper caliente. Los científicos creen que su temperatura puede llegar hasta los 5000 grados centígrados. ¡Guau! Los científicos también creen que el núcleo de la tierra está compuesto

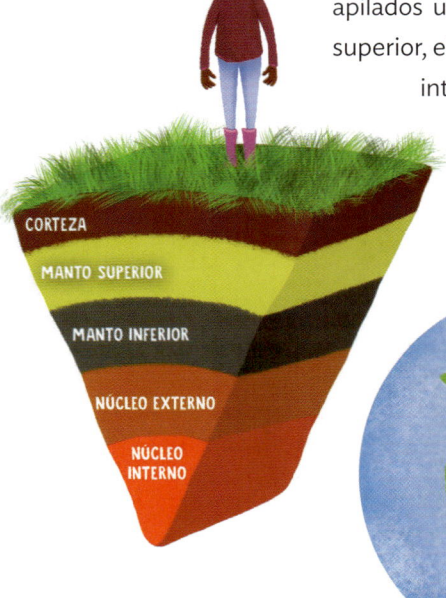

principalmente de hierro. Con temperaturas en los miles de grados pensarías que el hierro está derretido, pero no es así, porque está bajo una presión extremadamente alta que lo mantiene comprimido en una bola sólida y dura.

Dios hizo que el núcleo de la tierra —su corazón— sea duro. Pero no hizo así *tu* núcleo. Tu corazón fue hecho para ser tierno. Pero a veces se pone duro, como cuando alguien te lastima, cuando te enojas o entristeces, o cuando demasiadas cosas te han salido mal. ¿Cómo puede tu corazón volver a ser tierno, como Dios diseñó que fuese? Empieza con oración. Derrama tu corazón ante Dios (Salmo 62:8). Dile todo. Y entonces pídele que limpie tu corazón y purifique todos esos sentimientos endurecidos (Salmo 51:10). Él lo hará, él prometió hacerlo. Es que Dios quiere que tu corazón sea tierno, justo como el suyo.

*Dios, a veces es difícil amar a la gente. A veces parece más fácil que nadie me importe. Cuando empiezo a sentirme así, por favor límpiame de esos sentimientos endurecidos, y dame el valor y la fuerza para amar, especialmente cuando es difícil. Dame un corazón tierno, igual que el tuyo.*

## SORPRÉNDETE

La mina de oro Mponeng en Sudáfrica es la mina más profunda del mundo, con 4 kilómetros bajo la superficie de la tierra. La temperatura en la parte más baja es tan caliente, hasta 60 grados centígrados, que para poder trabajar bombean continuamente una mezcla de agua y hielo debajo del suelo.

## 81

# RELÁMPAGOS

**¿Eres tú quien señala el curso de los rayos?
¿Acaso te responden: "Estamos a tus órdenes"?**
—JOB 38:35, NVI

**¿Has visto un rayo atravesar el cielo?** Es hermoso y asombroso y... ¡tan peligroso! Un rayo, o relámpago, es un gigantesco brote de electricidad que atraviesa el cielo con un brillante destello de luz y hace un fuertísimo ruido llamado trueno. Los relámpagos son causados cuando agua y hielo se mueven dentro de una nube, creando una carga eléctrica. Cuando la carga es lo suficientemente fuerte, es lanzada en forma de rayo.

¿Sabías que un relámpago puede medir kilómetros? ¡El relámpago más largo se extendió más de 300 kilómetros! ¡Además, atraviesa el aire a una temperatura de unos 28 000 grados centígrados! Un solo relámpago puede contener hasta mil millones de voltios de electricidad. Y cada segundo, más de 100 rayos están cayendo en algún lugar en la tierra. ¡Eso es una increíble cantidad de poder!

Dios es tan poderoso que él controla los relámpagos. La Biblia dice que Dios «llena sus manos de rayos» (Job 36:32), y que su voz «resuena con relámpagos» (Salmos 29:7). Y el mismo Dios que manda a los relámpagos quiere derramar su poder en tu vida. ¿Cómo? Por medio de la oración. Es así de sencillo. Hablar con Dios invita su poder a tu vida. La Biblia promete que cuando un hijo de Dios ora, él escucha. Cada vez. Y esa oración «tiene mucho poder y da resultados maravillosos» (Santiago 5:16). Así que, habla con Dios hoy mismo con tu propia oración. Él está listo para escucharte, ¡y entonces iluminar tu vida!

## SORPRÉNDETE

Los relámpagos no se producen solo en tormentas de lluvia. También pueden suceder durante explosiones volcánicas, incendios forestales, tormentas de nieve y huracanes.

> *Señor, tu poder es más grande de lo que puedo imaginar, es indescriptible. Te pido que uses ese poder en mi vida para hacerme la persona que me creaste para ser.*

# ¿CÓMO DICES?

**Que nuestro amor no quede solo en palabras; mostremos la verdad por medio de nuestras acciones.**
—1 JUAN 3:18

**La gente en todo el mundo se comunica usando sistemas de palabras llamados lenguajes.** ¿Qué lenguaje hablas tú? El español es uno de los más hablados en el mundo; cerca de 500 millones de personas lo hablan, y es la lengua materna de alrededor de 400 millones. La lengua materna es el idioma

que aprendes en casa desde niño. El idioma chino es la lengua materna del mayor número de personas, ¡como mil millones! Otros idiomas populares son el inglés, hindi, francés, árabe, ruso, y la lista sigue y sigue; hay más de 7000 lenguajes. Algunos son hablados por millones, otros por unos cuantos miles, ¡y como 46 solo son hablados por una persona! (¡Me pregunto con quién hablarán!)

Algunos lenguajes son bastante inusuales. El Pirahã (pronunciado pi-RAH-ja) de Brasil tiene lo que es probablemente el sistema de sonidos más sencillo del mundo, con solo 8 consonantes y 3 vocales. El Taa de África tiene más sonidos que cualquier otro lenguaje, con solo cinco tipos de *clicks* pero 164 consonantes y 44 vocales.

## SORPRÉNDETE

Uno de los lenguajes más hermosos del mundo se encuentra en La Gomera, una pequeña isla cerca de España. Este idioma, llamado silbo gomero, ¡usa silbidos en vez de palabras! Por cuanto la isla tiene tantas montañas y cañones, gritar palabras no funciona, se confunden todas. ¡Pero un mensaje silbado se puede oír perfectamente bien!

Hay miles de diferentes maneras de decir las cosas, pero solo hay una manera de comunicar tu mensaje con perfecta claridad, sin importar qué lenguaje hablas. Es por lo que haces. Si dices que amas a Jesús, pero no amas ni ayudas a los demás, tus palabras no dicen nada. Por lo contrario, si te esfuerzas en ser amable, ayudando y amando a quienes te rodean, tus acciones le dicen al mundo que de veras amas a Jesús, y que quieres ser como él.

*Señor, sé que mis acciones comunican un mensaje a quienes me rodean. Ayúdame a que sea un mensaje de amor que vuelve a las personas a ti.*

# SOLO EN LA TIERRA

*Dios extiende el cielo del norte sobre el espacio vacío y cuelga a la tierra sobre la nada.*
—JOB 26:7

**Ningún planeta es exactamente como la Tierra, ¡y menos en nuestro sistema solar!** En nuestro sistema solar ocho planetas vuelan en órbita (o en círculo) alrededor del sol. (Plutón perdió su estatus como un «verdadero» planeta en el 2006 y ahora es considerado un planeta «enano». *Qué mala onda.*) Empezando con los más cercanos al sol, esos ocho planetas son: Mercurio, Venus, Tierra, Marte, Júpiter, Saturno, Urano y Neptuno.

Entonces, ¿por qué la Tierra es el único con vida? Bueno, veamos. Mercurio es el más cercano al sol, así que allí hace bastante calor, ¡más de 400 grados centígrados! Venus es aún más caliente. Además, su atmósfera es veneno puro. Marte no es caliente, sino frío y seco, ¡con tormentas de arena que pueden cubrir el planeta entero! Hay hielo en Marte, pero no agua para beber. Tanto Júpiter como Saturno se componen principalmente de gases —hidrógeno y helio— haciendo imposible pararse o respirar. La atmósfera de Urano está llena de gas metano, mortífero, aunque tiene un bonito color azul. Neptuno está 30 veces más lejos del sol que la Tierra, lo cual lo hace muy frío. También hace mucho viento. ¡Sus vientos soplan a 2400 kilómetros por hora! Eso es más rápido que la velocidad del sonido, la cual, por cierto, es 1225 kilómetros por hora.

Solo el planeta Tierra tiene las condiciones exactas de aire, temperatura, tierra y agua necesarias para la vida. Es casi como si la Tierra hubiera sido diseñada para la vida. ¡Espera, sí fue! Génesis nos dice que Dios creó la Tierra

y le dio todo lo necesario para la vida: el sol, la luna, agua y cielos. Entonces la llenó de vida: plantas, animales y seres humanos. Y Dios dijo que la tierra y todo en ella era «muy bueno» (Génesis 1:31).

*Gracias Dios, por la tierra que me has dado para vivir en ella. Y gracias por Jesús, que me da el cielo para vivir para siempre.*

## SORPRÉNDETE

Los científicos echaron a Plutón del club de planetas en el 2006, pero ahora creen que un noveno planeta puede existir más allá de Neptuno. Le llaman el «Planeta Nueve» y piensan que tiene como 10 veces la masa de la Tierra, y 5 000 veces la masa del planeta enano Plutón. Nadie ha visto el planeta misterio todavía, ¡pero los científicos siguen buscando!

# FLORECE DONDE ESTÁS PLANTADO

**He aprendido el secreto de vivir en cualquier situación […]. Pues todo lo puedo hacer por medio de Cristo, quien me da las fuerzas.**
**—FILIPENSES 4:12–13**

**Las plantas solo necesitan unas cuantas cosas para crecer: luz del sol, agua, aire y nutrientes.** Algunas plantas —como los árboles y el césped— consiguen lo que necesitan de manera muy sencilla. La tierra les da sus nutrientes, la lluvia su agua, y las plantas están rodeadas de luz del sol y aire. Pero Dios hizo otras plantas que consiguen lo que necesitan de maneras más creativas.

Por ejemplo, algunas plantas del desierto tienen raíces muy largas, con las cuales «cavan» profundamente en busca de agua subterránea. Muchas plantas del desierto, como el cactus, pueden almacenar agua de las escasas lluvias que reciben. En la selva, donde llueve más de 2 metros y medio por año, las plantas tienen «puntas de goteo» que rápidamente desechan todo ese exceso de agua para que sus hojas no se llenen de moho. Las plantas del Ártico crecen bajo, pegadas a la tierra las unas a las otras, para sobrevivir el frío severo.

Dios te creó a ti para que florezcas donde estás plantado, sin importar dónde estás ni qué está sucediendo a tu alrededor. ¿Cómo? Dependiendo de Jesús y siendo agradecido por todo lo que te ha dado. Si es el absolutamente mejor día de tu vida, es fácil florecer con felicidad y gratitud. Pero, cuando estás en medio del peor día posible, es más difícil. ¡Pero siempre puedes estar agradecido por tener a Jesús! Echa tus raíces en su amor, deja que la Palabra de Dios te alimente, y extiéndete hacia el mundo a tu alrededor. Te encontrarás floreciendo ahí donde estás plantado más pronto de lo que te imaginas.

> *Querido Dios, no importa lo que esté pasando en este día, sé que tengo mucho por lo cual estar agradecido. Abre mis ojos para verlo, y ayúdame a florecer donde sea que tú me plantes.*

## SORPRÉNDETE

El fuego es enemigo de todas las plantas, ¿verdad? ¡No! Por lo menos no el pino de Jack (también conocido por su nombre científico *Pinus banksiana*). Las semillas de este árbol están dentro de conos llenos de resina, la cual los cierra por completo. (¡La resina es como un súperpegamento!) Como la resina es tan fuerte, los conos pueden permanecer sellados por años... hasta que un incendio forestal llega, y derrite la resina, y permite que los conos se abran y derramen sus semillas. Ese es parte del diseño milagroso de Dios para replantar un bosque luego de un incendio.

## 85
# LAS TELARAÑAS QUE TEJEMOS

**El Señor detesta los labios mentirosos, pero se deleita en los que dicen la verdad.**
**—PROVERBIOS 12:22**

**Arañas… personajes de pesadillas y películas de terror.** Pero también son bastante asombrosas, aunque algo repulsivas. Las arañas son cazadores. La mayoría de las arañas comen insectos, pero las arañas pescadoras pescan …ahh… peces. Las arañas cangrejo gigantes, que pueden medir hasta 30 centímetros de diámetro, atrapan ranas y lagartijas. ¡Algunas de las arañas más grandes del mundo atrapan aves y murciélagos en sus masivas telarañas!

Todas las arañas producen seda, pero no todas las arañas la usan para hacer telarañas. La seda también protege los huevos de las arañas, les ayuda a moverse y les provee refugio. Las arañas que tejen telarañas usan su seda para crear trampas elaboradas para pescar su cena. Las telarañas son casi invisibles, así que los insectos vuelan directo a ellas y quedan atrapados en los pegajosos hilos. Cuando un insecto es atrapado en una telaraña, la araña siente la vibración del insecto en su lucha por librarse, y se apresura a envolver el insecto en más seda. Como no puede comer comida sólida, la araña inyecta a su presa con jugos digestivos, convirtiéndola en una masa líquida para sorber. Es una especie de malteada para arañas. ¡Qué asco!

La telaraña es una trampa pegajosa y mortal, parecida a la trampa de la mentira. La primera mentira que tejes puede ser pequeña, casi invisible, así que crees que nadie siquiera la verá. Pero casi siempre alguien la ve. Así que tejes una mentira más grande para encubrir la primera y luego una mentira aún más grande para encubrir esa. Al poco tiempo estás rodeado de toda una telaraña de mentiras, y el que termina atrapado y enredado eres tú. Así que, nunca tejas esa primera mentira. Di la verdad, y mantente fuera de situaciones pegajosas.

*Dios, a veces parece más fácil contar una mentira, como cuando no quiero meterme en líos. Por favor dame el valor y la fortaleza para siempre decir la verdad.*

Araña lobo

## SORPRÉNDETE

No todas las arañas atrapan su alimento tejiendo telarañas. La araña lobo caza su presa al acecho hasta que la atrapa. Las arañas saltadoras se mueven muy rápido y tienen muy buena vista. ¿Puedes adivinar cómo atrapan su presa? Así es, ¡le saltan encima!

# CONÉCTATE AL PODER

**Pido [...] que entiendan la increíble grandeza del poder de Dios para nosotros, los que creemos en él. Es el mismo gran poder que levantó a Cristo de los muertos.**
**—EFESIOS 1:19-20**

**La electricidad... hace funcionar nuestras lámparas, calefacción y refrigeración, nuestras computadoras, juegos, teléfonos y tanto más.** La vida sería muy diferente sin electricidad.

Obtenemos electricidad de muchas fuentes diferentes, las cuales se dividen en dos grupos: recursos renovables y recursos no renovables. *Recursos renovables* son aquellos que se pueden usar una y otra vez, que nunca se agotarán. Estos incluyen energía solar (del sol), energía del viento (eólica) y energía del agua (hídrica). También están incluidas la energía geotérmica, la cual usa el calor de debajo de la superficie de la tierra, y la energía biomasa, la cual quema desechos de plantas y animales (¡como estiércol!) para producir calor y vapor, el cual entonces se convierte en electricidad. Los *recursos no renovables* no se pueden volver a usar y pueden un día agotarse. Carbón, petróleo y gas natural son ejemplos de recursos no renovables.

Cualquiera que sea la fuente de la electricidad, su poder mantiene funcionando todas las máquinas del mundo. Pero hay un diferente tipo de poder que mantiene a los cristianos andando, y es 100 % renovable. Es el poder de Dios. Cuando estás cansado o inseguro de qué hacer, ese es el tiempo de conectarte con el poder de Dios. Él lo sabe todo (Salmo 147:5), él promete responderte cuando le buscas (Salmos 120:1), y no hay nada imposible para él (Mateo 19:26). No importa qué estés enfrentando, Dios tiene el poder para llevarte a través de ello. Así que haz una oración, ahora mismo, y conéctate al poder de Dios.

*Señor, tu poder es tan grande que ni siquiera lo puedo imaginar. ¡Tú creaste las estrellas, los planetas y a mí! Y lo realmente asombroso es que tú prometes usar tu poder en mi vida. ¡Gracias Dios!*

## SORPRÉNDETE

Benjamín Franklin no fue el primero en descubrir la electricidad, pero es famoso por su experimento con los relámpagos. De acuerdo a la leyenda, él voló un cometa (papalote) con una llave de metal atada, hasta entrar en una nube de una tormenta, y logró obtener electricidad de los relámpagos en la nube. No sabemos si los detalles de ese experimento legendario son ciertos, pero sí sabemos que él inventó el pararrayos, una vara metálica que desvía de los edificios la electricidad de los relámpagos de las tormentas eléctricas.

# ESPÉRALO

**Espera con paciencia al Señor; sé valiente y esforzado; sí, espera al Señor con paciencia.**
—SALMOS 27:14

**El colibrí es una máquina voladora.** Puede alcanzar velocidades de 50 kilómetros por hora, ¡y hasta 100 kilómetros por hora de clavada, la misma velocidad que tu automóvil en la carretera! Bate sus alas a un máximo de 80 aleteos por segundo, dependiendo de en qué dirección vuela. Para tener la energía para mover sus alas tan rápido, el colibrí respira como 250 veces por minuto, ¡y su corazón late 1200 veces por minuto!

Todo ese poder está comprimido en pequeñísimos paquetes. El colibrí calíope mide solo entre 7 y 8 centímetros de largo, haciéndolo el ave más

pequeña de América del Norte. Pero el zunzuncito, o elfo de las abejas, nativo de Cuba, es aún más pequeño. Mide solo 5 centímetros, lo cual lo hace el ave más pequeña del mundo. Esta ave de pecho color rubí pesa 2 gramos, menos que una monedita. ¡Pero lo más asombroso de los colibrís es la manera en que pueden volar! Se lanzan entre las flores, volando cabeza arriba, cabeza abajo, de lado y hacia atrás. Hasta pueden «pisar el freno» y permanecer suspendidos, «flotando» en el aire.

## SORPRÉNDETE

El colibrí pone unos de los huevos más pequeños de cualquier ave del mundo. ¿Qué tan pequeño? El colibrí de garganta roja pone un huevo del tamaño de un guisante (un chícharo). La mamá entonces guarda esos diminutos huevos en un nido del tamaño de una nuez, el cual está hecho de telarañas y trocitos de plantas.

A veces Dios te pedirá que te detengas y permanezcas suspendido, no en el aire, sino en tus oraciones. Verás, Dios siempre responde a tus oraciones. A veces él te dice sí de inmediato, y a veces te dice no de inmediato. Pero hay otras veces que Dios te pide que esperes —que «permanezcas en el aire»— esperando una respuesta. Él quiere que estés quieto y no trates de con-

trolar las cosas para lograr la respuesta que quieres. Dios quiere que confíes en él y esperes mientras él opera las cosas en tu vida en la manera perfecta. Así que, ¿qué puedes hacer mientras esperas? ¡Permanece «flotando» cerca de Dios! Sigue orando (Lucas 18:1-8). Y sigue confiando que Dios ha empezado a responder tu oración ¡desde antes que la hicieras! (Isaías 65:24).

*Señor, tú sabes que no soy muy bueno en esto de esperar. Así que, por favor ayúdame a ser paciente mientras tú llevas a cabo tu perfecta respuesta para mí.*

# MUSCULOSO

**Señor, los que te conocen, confían en ti, pues nunca abandonas a quienes te buscan.**
—SALMOS 9:10, DHH

**Tus músculos son lo que te mantiene en movimiento, andando, saltando, corriendo, brincando ...bueno... ya captas la idea.** También son lo que te mantiene sentado, ayudando a mantener tu espalda derecha y tu cabeza en alto. Algunos músculos son fáciles de ver, como los de tus brazos y tus piernas. Pero hay muchos otros músculos que ni siquiera nos damos cuenta que estamos usando, como los músculos en el corazón, los pulmones, el estómago y los oídos. (¿Músculos dentro de los oídos? ¿Quién se lo hubiera imaginado?) Sin sus músculos, tu cuerpo simplemente no podría vivir.

Algunos músculos, como los del corazón y el sistema digestivo, trabajan todo el tiempo y se ejercitan bastante, sin que nadie los dirija. Pero otros músculos, como los de tus brazos y piernas, necesitan ejercitarse a diario. Todos tus músculos necesitan la energía que viene de comer comida saludable, ¡bájale a la comida chatarra! Y aun esos músculos que nunca dejan de trabajar necesitan la restauración que viene del descanso. Estas tres cosas —ejercicio, alimento y reposo— mantienen tus músculos físicos en excelente condición.

¿Pero qué de tus músculos espirituales? Los músculos de tu fe, ¿qué los mantiene fuertes? En realidad, las mismas cosas: ejercicio, alimento y reposo. Ejercitas tu fe levantándote cada mañana y

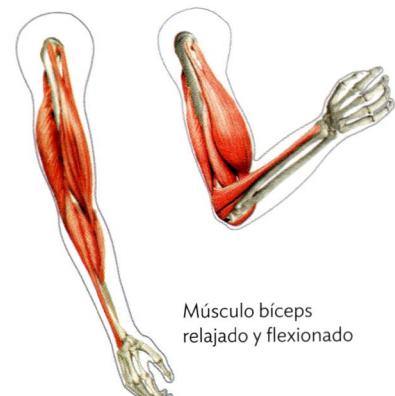

Músculo bíceps relajado y flexionado

escogiendo confiar que Dios te ama y te cuidará en todo tiempo, pase lo que pase. Alimentas tu fe al leer la Palabra de Dios cada día. Y te restauras de los tiempos difíciles de este mundo al reposar en tu devocional, el tiempo a solas que dedicas a hablar con Dios y escucharlo. Así que levántate y ejercítate, tus músculos y tu fe.

> **Señor, enséñame a cuidar este cuerpo que tú creaste. Y ayúdame a recordar que también mi fe requiere de mis cuidados.**

## SORPRÉNDETE

El músculo de tu cuerpo que más trabaja es tu corazón, nunca se toma un descanso, bombea las 24 horas del día, siete días a la semana. El músculo más pequeño es el *stapedius*, que está dentro de tu oído interno. Mide menos de 2 milímetros. ¿Y los músculos más grandes? Esos serían un grupo llamados *glúteos máximos*. (Te doy una clave: son aquellos en los que te sientas.)

# LO QUE DIOS VE

**Ninguna cosa creada escapa a la vista de Dios.**
—HEBREOS 4:13, NVI

¿Sabías que en una noche despejada, lejos de las luces de la ciudad, y usando solo tus ojos, puedes ver hasta la galaxia Andrómeda, la cual está a la asombrosa distancia de 4 millones de años luz de la Tierra? Y en una noche particularmente buena, puedes ver hasta una estrella llamada Deneb, una de las estrellas más brillantes en nuestra galaxia, la Vía Láctea. Los científicos no están seguros qué tan lejos está Deneb, pero creen que está por lo menos a 15 cuatrillones de distancia, o sea 15 000 000 000 000 000. ¡Cuántos ceros! Dios hizo tus ojos impresionantemente potentes para que puedas ver una pequeña parte de su magnífica creación.

Aunque tus ojos son tan potentes, los ojos de Dios son aún más potentes. Él puede ver la estrella más lejana en la galaxia más lejana del universo. Él también puede ver el cabello más pequeño en la pata izquierda del insecto más pequeño. Y él puede ver cada cabello en tu cabeza, y contarlos todos (Lucas 12:7). ¡Dios lo ve todo! Y él te ve a ti perfectamente y completamente. Pero cuando Dios te mira, él no solo ve el exterior, tu ropa, tu cabello o tu nariz. Dios mira mucho más profundo que eso. Él mira tu corazón, y él ve todas las cosas que lo llenan. Él ve las preocupaciones y las dudas, lo que te hace feliz y lo que te asusta. Él también ve el enojo, los celos y todos esos pecados secretos que tú crees que nadie conoce. Dios ya conoce todo lo que hay en tu corazón, así que, puedes decirle cualquier cosa. Cuando hablas con él, él promete llenar tu corazón de paz. Pídele a Dios que ayude a tu corazón a parecerse más al suyo, lleno de cosas maravillosas como amor, alegría y bondad.

*Dios, gracias por darme ojos para ver la maravilla y la belleza de tu creación que me rodea. Ayúdame a ver cómo puedo ser más como tú el día de hoy.*

## SORPRÉNDETE

Tus ojos parpadean como 12 veces por minuto, más de 10 000 parpadeos al día (sin contar cuando estás dormido, por supuesto). Cada parpadeo dura unos 0,3 segundos, lo cual significa, ¡que tienes los ojos cerrados por más de 50 minutos al día!

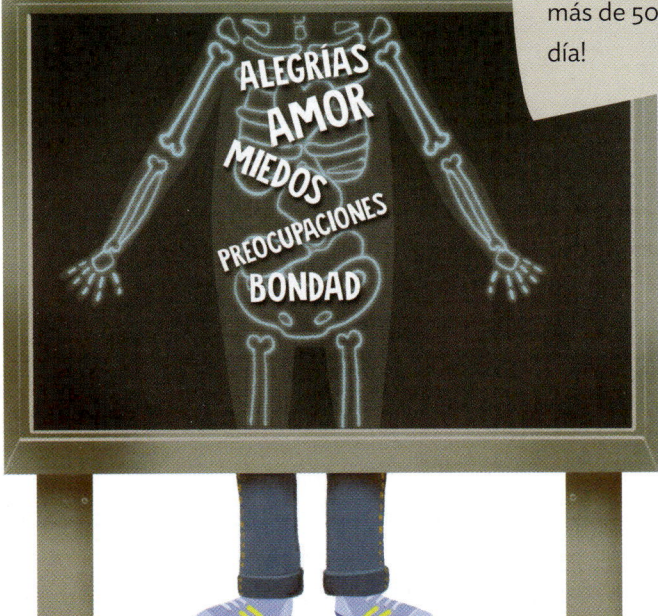

# UNA MENTE PARA VER

**No se dejen moldear por este mundo. En vez de eso, sean cambiados por dentro por una nueva manera de pensar. Entonces podrán decidir qué quiere Dios para ustedes. Y podrán saber qué es bueno y agradable a Dios, y perfecto.**
—ROMANOS 12:2, PARÁFRASIS

**Las estrellas de mar pueden hacer algunas cosas asombrosas, como hacer crecer un brazo nuevo en lugar de uno que se le ha desprendido.** Pero una de las cosas más raras acerca de una estrella de mar es cómo comen. Primero, una estrella de mar hambrienta envolverá un mejillón o almeja en sus brazos abriendo la concha justo lo suficiente... *para sacar su propio estómago a* *través de su boca y meterlo en la concha de la almeja.* Después de digerir el animal, la estrella de mar retrae su estómago de vuelta a su propio cuerpo. ¡Eso suena como algo de una película alienígena!

Otra cosa inusual acerca de las estrellas de mar es que tienen un ojo en la punta de cada brazo. Pero la estrella de mar no tiene un verdadero cerebro que le diga lo que está viendo. En vez de eso, nervios se extienden de su boca a cada uno de sus ojos, y los sensores en sus muchos «pies» son los que encuentran alimento. Así que la estrella de mar es perfectamente capaz de moverse y comer y hacer todo lo que necesita para vivir, pero no puede pensar. Las estrellas de mar no pueden «ver» qué camino deben tomar, solo van a donde su cuerpo les diga que vayan.

Aquí es donde tú eres diferente. No solo tienes ojos para ver, pero también tienes una mente para pensar. Y Dios quiere que uses tu mente. Él ha determinado un camino para tu vida, un camino que te llevará hasta el cielo. Es un camino hecho de sabias elecciones, de palabras de la Biblia y de amar a otros. Es un camino que Dios conoce perfectamente y en el cual promete guiarte.

*Señor, enséñame algo nuevo acerca de ti cada día. Abre mis ojos, mi mente y mi corazón para verte en este mundo a mi alrededor. Guíame en tu camino de vida, y abre mi mente a aquello a dónde me estás guiando.*

## SORPRÉNDETE

Hay más de 2000 diferentes tipos de estrellas de mar en el mundo. La mayoría solo tienen 5 brazos, pero otras tienen hasta 40. La estrella de mar girasol es una de las más grandes, ¡tiene 24 brazos y puede alcanzar hasta un metro de diámetro!

## 91

# QUE LLUEVA, QUE LLUEVA

**Su Padre [...] hace que su sol salga sobre malos y buenos, y manda la lluvia sobre justos e injustos.**
—MATEO 5:45, DHH

**Probablemente piensas que la lluvia consiste de gotas de agua cayendo del cielo.** Pero el nombre técnico para la lluvia es *precipitación*, y esta incluye granizo, aguanieve y nieve. La lluvia inicia muy arriba en las nubes como cristales de hielo o nieve, y una gota individual puede «flotar» allá arriba por 10 días. Cuando la gota de lluvia finalmente cae, puede descender a la tierra a velocidades de ¡hasta 35 kilómetros por hora! En comparación, un copo de nieve flota delicadamente por el aire a solo 3 a 6 kilómetros por hora, tardando casi una hora para llegar a tierra. Algunos lugares de la tierra reciben muy poca lluvia, mientras que otros reciben mucha. Pero cada lugar en la tierra recibe *algo* de lluvia.

Así son los problemas. Todo mundo los tiene, tanto gente buena como mala. Puede ser difícil entender por qué cosas malas a veces suceden a gente buena que ama a Dios y se esfuerza por hacer lo correcto. Y puede ser igual de difícil entender por qué cosas buenas —como fama, éxito y riquezas— a veces le suceden a personas malas. Pero no dejes que esto te preocupe o te perturbe. Dios siempre permite que el sol brille y la lluvia caiga tanto en gente buena como mala. Es parte de su plan, y su plan es perfecto. A final de cuentas, Dios usará todas las cosas —bendiciones y problemas— para causar el bien para su pueblo y que ellos desplieguen su gloria a toda la tierra (Romanos 8:28).

*Querido Dios, hay tantas cosas que no entiendo, pero hay una que sí sé: tú siempre eres bueno, siempre puedo confiar en ti. ¡Gracias por tener buenos planes para mi vida!*

## SORPRÉNDETE

Pensarías que el lugar que menos lluvia recibe en la tierra sería un desierto, pero no es así. Es la Antártida, la cual solo recibe como 16,5 centímetros de lluvia o nieve cada año. De lo contrario, el lugar más lluvioso de la tierra es Lloro, Colombia, en América del Sur. ¡Recibe más de un metro con 35 centímetros de lluvia por año!

# ¿QUIERES JUGAR?

**Pero pregúntales a las aves, y también a los animales, y ellos te lo contarán todo [...].
Ellos saben muy bien que Dios lo ha creado todo.**
**—JOB 12:7–9, TLA**

**¿Alguna vez has observado a un gatito jugar con un hilo de estambre?** ¿O has enviado a un cachorro tras una pelota? ¿O visto un grupo de nutrias en el zoológico zambulléndose en el agua? Al igual que tú, a los animales les gusta jugar. Los potros se persiguen los unos a los otros y patalean palos y trapos. Los canguros bebés aman jugar a las luchas con sus mamás, y cierto tipo de peces saltarán alegremente sobre tortugas y ramas.

Pero los delfines son los animales más juguetones que conocemos. Claro que hacen todo un espectáculo en los acuarios, pero aun en el mar, se observa a los delfines saltando muy alto en el aire. Los delfines giradores (o acróbatas) se lanzan al aire y giran y giran, mientras que al delfín oscuro le gusta añadirle una maroma.

Los científicos creen que los animales juegan por diferentes razones: para practicar las habilidades necesarias para la vida, para comunicarse unos con otros, ¡o quizá por el simple gozo de jugar en la creación de Dios! Esa última razón puede que sea la mejor razón para que todos juguemos.

Dios creó este mundo para que nosotros no solo lo habitáramos, sino que también lo *disfrutáramos*. Dios no tenía que hacer flores de tantos colores tan hermosos. Él no tenía que crear charcos en los cuales saltar, árboles para trepar, o colinas para bajar rodando, pero lo hizo. Él no tenía que hacer tantos tipos de deliciosas frutas (¡y vegetales!), pero lo hizo. Toma tiempo para disfrutar todas las maravillas de este mundo que Dios hizo. Que los animales te enseñen una que otra cosa, ¡y salte a jugar!

## SORPRÉNDETE

Todos sabemos que los cachorros y los gatitos juegan... ¿pero los *cocodrilos*? ¡Es verdad! Los científicos han observado a los cocodrilos usando sus hocicos para soplar burbujas en el agua, así como lanzando mordidas juguetonas a las olas. También se les ha visto jugando con flores y llevándolas en sus dientes. Estas bestias grandes y escamosas, de vez en cuando juegan al caballito unos con otros.

> *Señor, gracias por todas las maravillas de este mundo que has hecho. Abre mis ojos para verlas todas, y abre mi corazón para disfrutarlas. ¡Tu creación es maravillosa!*

# EL CORAZÓN DEL ASUNTO

**El Señor mira desde el cielo y ve a toda la raza humana. Él hizo el corazón de ellos, así que entiende todo lo que hacen.**
**—SALMOS 33:13, 15**

**Cuando pones tu mano sobre tu pecho, ¿sabes qué es el golpeteo que sientes?** Es tu corazón. ¿Sabes cuándo empezó a latir? ¡Cuando solo tenías 22 días en el vientre de tu madre! Ahora que eres mucho más grande, tu corazón tiene mucho más trabajo. Ha llegado a ser como del tamaño de tu puño, ¡y ahora bombea sangre a través de los 100 000 kilómetros de venas en tu cuerpo!

Tu corazón es asombroso porque el que colgó las estrellas es el mismo que formó tu corazón. Pero cuando piensas en la palabra corazón, probablemente piensas en algo más que en un órgano de tu cuerpo que bombea y bombea, ¿verdad? Piensas en todas las emociones y los sentimientos que contiene, como felicidad, tristeza, expectación y temor. Y aunque el corazón físico dentro de tu cuerpo no es donde esas emociones realmente viven, el corazón es donde la gente dice que los sienten. Lo increíble es que el Dios que es suficientemente grande para conocer todos los secretos del universo te ama tanto que él conoce todas las emociones de tu corazón y exactamente cuándo las sientes.

Dios sabe cuando estás asustado, preocupado, feliz o triste, y todas las demás emociones. *Y él te comprende.* No importa lo difícil que se ponga la vida o lo oscuro que parezca este mundo, Dios tiene un plan para ayudarte, y él sabe justo la manera de consolarte. Considera esta asombrosa promesa: Yo soy el

Señor, tu Dios, que te sostiene por la mano derecha y te dice: «No tengas miedo, aquí estoy para ayudarte» (Isaías 41:13). Dios siempre está contigo, con cada latido de tu corazón.

*Dios, gracias por este corazón que me has dado. Por favor llénalo de tu amor, tu valor y tu fuerza. Y ayúdame a siempre guardar tu Palabra en mi corazón.*

## SORPRÉNDETE

¿Qué tan rápido late tu corazón? Para la persona promedio, el corazón late de 60 a 100 veces por minuto. Si multiplicas eso por todos los minutos en un día, tu corazón late más de 100 000 veces al día. Y puede latir aún más rápido cuando haces ejercicio, estás emocionado, nervioso o asustado.

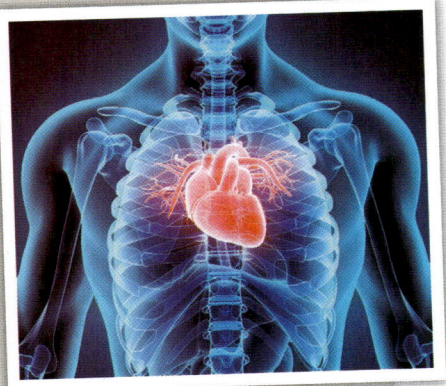

# ¿HACIA DÓNDE SOPLA EL VIENTO?

**Manténganse firmes e inconmovibles, progresando siempre en la obra del Señor, conscientes de que su trabajo en el Señor no es en vano.**
—1 CORINTIOS 15:58, NVI

**El viento puede ser misterioso, ¡o hasta alarmante!** No lo puedes ver, pero sabes que está ahí cuando acaricia tu rostro o sacude las hojas de los árboles. Y lo puedes oír cuando se acerca aullando por los árboles. Pero, ¿qué es

el viento? El viento es simplemente aire en movimiento. Ese movimiento es causado por diferencias de presión atmosférica, las cuales son causadas por diferencias en la temperatura. El aire caliente tiene menor presión y quiere subir. Al subir, el aire más fresco (con su mayor presión) avanza y toma su lugar. Este movimiento de aire cálido y frío es lo que crea viento.

Vientos como los vientos alisios cerca del ecuador y los vientos polares en los polos norte y sur casi siempre soplan en la misma dirección. Pero vientos locales pueden cambiar su dirección varias veces al día, dependiendo de lo que esté sucediendo en el estado del tiempo a su alrededor.

Las personas a veces podemos ser como el viento. Cambiamos de dirección —lo que dicen y cómo actúan— dependiendo de lo que esté sucediendo a su alrededor o quién esté cerca. ¿Haces tú eso? ¿Dices cualquier cosa que los demás quieran oír? ¿O cambias tu forma de actuar —aun haciendo cosas que sabes que están mal— solo para quedar bien con otros? ¡No lo hagas! Dios no quiere que cambies de dirección como el viento. En vez de eso, «mantente firme» por lo que crees, levántate a favor de lo que está bien, y por Dios. Puede que otros se rían o se burlen o hasta peor. Pero recuerda que cuando Dios está de tu lado, nadie puede hacerte frente.

*Señor, cuando todos a mi alrededor parecen cambiar como el viento, ayúdame a mantenerme firme y representarte bien. ¡Te alabo porque tú nunca cambias!*

## SORPRÉNDETE

El cabo Blanco en Oregón es uno de los lugares con más fuertes vientos en toda la tierra. Fuertes tormentas invernales a menudo crean vientos que rugen a más de 160 kilómetros por hora. Pero el honor de ser el lugar más ventoso en la tierra lo tiene Puerto Martin, una base de investigación abandonada en la Antártida. ¡Los vientos ahí soplan a 65 kilómetros por hora (en promedio) a lo largo de todo el año!

# LO QUE LOS CIENTÍFICOS NO SABEN

**Porque como los cielos son más altos que la tierra, así Mis caminos son más altos que sus caminos, y Mis pensamientos más que sus pensamientos.**
—ISAÍAS 55:9, NBLH

**Los científicos han descubierto muchas cosas asombrosas, como la velocidad de la rotación de la Tierra y qué tan lejos está la Tierra del Sol.** Los científicos saben cómo construir cohetes que se lanzan al espacio, así como submarinos que viajan a través de los mares.

Pero hay una cantidad innumerable de cosas que los científicos *no* saben. Cosas como cuántas estrellas hay en la Vía Láctea, o cuántas galaxias hay en el universo. No saben qué hay dentro de un hoyo negro o qué vive al fondo del más profundo océano. Los científicos no saben exactamente cómo se forma un bebé en el vientre de su madre. Eso significa que no están completamente seguros cómo tú y yo llegamos a ser... tú y yo.

¿Por qué hay tantas cosas que los científicos todavía no saben? Porque Dios creó este universo y todo lo que hay en él. Y él es más creativo de lo que nadie jamás pudiera ser. Y lo que es verdaderamente asombroso es que Dios nos dio la habilidad de explorar y aprender acerca de su magnífica creación. Las cosas que los científicos conocen, así como las que todavía no, nos dan amplia razón para maravillarnos de la *indescriptible* creatividad y el poder de Dios. Pero, aunque Dios es indescriptible, hay innumerables cosas que podemos conocer acerca de él.

Por ejemplo, puedes saber que él te ama, y que su amor nunca cambiará (Jeremías 31:3). Puedes saber que él te salvará de tus pecados si crees en Jesús y lo sigues (Juan 3:16). Puedes saber que él tiene un perfecto y maravilloso plan para tu vida, aunque no siempre lo entiendas (Jeremías 29:11).

La galaxia de la Vía Láctea

## SORPRÉNDETE

En la Biblia, un hombre llamado Job perdió todo y le preguntó a Dios: ¿Por qué? Dios le contestó con una lista de cosas que los seres humanos nunca entenderemos, como dónde empieza el mar (Job 38:16) y dónde viven la luz y la oscuridad (Job 38:19). Lee Job 38. ¿Cuántas otras cosas acerca de la creación de Dios son demasiado maravillosas para que las conozcamos?

*Querido Dios, hay tantísimas cosas acerca de este mundo que nunca entenderé. Pero sí entiendo que me amas y solo quieres lo mejor para mí. Siempre confiaré en ti. ¡Y estoy tan agradecido de que nunca dejaré de aprender acerca de ti!*

# EL SUPREMO SOBREVIVIENTE

**No tengas miedo, porque yo estoy contigo; no te desalientes, porque yo soy tu Dios. Te daré fuerzas y te ayudaré; te sostendré con mi mano derecha victoriosa.**
—ISAÍAS 41:10

**El tardígrado, u oso de agua, no es en realidad un oso.** Más bien, es un diminuto invertebrado que vive en el musgo, en las plantas, en la arena, en agua dulce y en el mar. Los tardígrados son de los pocos animales que se pueden hallar tanto en las montañas más altas como en el más profundo mar. Esta

diminuta criatura solo mide milímetro y medio (del grosor de las más pequeñas monedas), pero es feroz. Su boca está llena de dientes como cuchillos, los cuales usa para desgarrar algas y otros pequeñísimos animales.

Esta tenaz criaturita puede vivir en agua hirviente y en las más profundas fosas oceánicas. Pueden sobrevivir más de 10 años sin una gota de agua. Los científicos en Japón hasta congelaron un par de tardígrados por 30 años, y cuando los descongelaron, ¡todavía estaban vivos! Dios le dio a esta pequeña criatura, de la cual probablemente nunca habías oído, todo lo que necesita para sobrevivir.

¿Cuánto más hará Dios por ti, su creación más preciada? En este mundo enfrentarás problemas, tentaciones y temores tan fuertes que quizás pienses que no puedes sobrevivir. Pero sí puedes porque Dios está de tu lado. No hay problema con el cual él no pueda (Mateo 19:26). Y no hay tentación que él no te pueda ayudar a derrotar (1 Corintios 10:13). Y no necesitas preocuparte o temer (Mateo 6:25-34) porque él te dará todo lo que necesitas, no solo para sobrevivir, sino para florecer como su hijo amado. Dios te creó para ser un sobreviviente extremo, y él está contigo ¡sean cuales sean las condiciones a tu alrededor!

### SORPRÉNDETE

Para poner a prueba qué tan resistentes son los tardígrados, los científicos lanzaron unos al espacio en el 2007. Como no había trajes espaciales de la talla de los tardígrados, los expusieron al espacio por 10 días. A pesar de los rayos cósmicos y la falta de aire en el vacío del espacio, ¡la mayoría de los tardígrados sobrevivieron!

*Querido Dios, hay tantas cosas difíciles que tengo que enfrentar en este mundo. Gracias por darme todo lo que necesito para vencerlas. ¡Tú eres más fuerte que el peor obstáculo que yo tenga que enfrentar!*

# SOLUCIÓN A LA CONTAMINACIÓN

**Hagan todo sin quejarse y sin discutir.**
**—FILIPENSES 2:14**

**La contaminación es cuando se desecha algo en el ambiente que no pertenece ahí.** Hay diferentes tipos de contaminación en el mundo, pero las tres principales son: contaminación del *aire*, del *agua* y del *suelo*.

La contaminación del aire puede ser un gran problema porque todos los seres vivientes necesitamos aire. Esta clase de contaminación sucede cuando se queman combustibles fósiles, como carbón, petróleo y gas. El humo de los automóviles y las fábricas son ejemplos de contaminación del aire. El agua se contamina cuando substancias químicas, detergentes, basura o aun aguas

residuales son vertidas en arroyos, ríos u océanos. El suelo es contaminado principalmente por basura, desde los desechos al lado del camino hasta los masivos basureros y rellenos sanitarios.

Toda esa contaminación es mala para el ambiente y para ti. Pero hay maneras en que puedes ayudar: En vez de usar el automóvil, camina o usa tu bicicleta. Recoge la basura y ponla en el depósito (cesto). Recicla todo lo que puedas. Apaga las luces cuando no las estás usando. Esto no podrá parecer la gran cosa, ¡pero aun pequeñas acciones cuentan!

Un tipo de contaminación que puedes ayudar a eliminar es la *contaminación de actitud*. Esta es cuando viertes palabras de queja o enojo en el ambiente a tu alrededor. Como toda contaminación, esta daña el ambiente a tu alrededor, así que también te daña a ti. Habrá ocasiones cuando estás enojado o molesto porque tienes que hacer cosas que no quieres hacer. Pero hacer un berrinche o quejarte no cambiará nada. En vez de eso, respira profundo y sonríe. Y entonces éntrale a esa tarea como si lo hicieras para Dios (Colosenses 3:23), porque lo que hagas por los demás, lo haces también para Dios. Quejarte contamina el aire a tu alrededor, ¡pero un espíritu alegre mejora el ambiente para todos!

## SORPRÉNDETE

Uno de los eventos de contaminación más extraños sucedió cuando un barco, por alguna razón, derramó su carga en medio del océano Pacífico. ¿Qué era su carga? Veintiocho mil patitos de hule, junto con algunas tortugas, castores y ranas de hule. Algunos de esos patitos flotaron miles de kilómetros, ¡hasta las costas de Alaska!

*Dios, hay cosas que simplemente no quiero hacer, como ordenar mi habitación y sacar la basura. Pero ayúdame a recordar que cuando sirvo a otros, también te sirvo a ti. ¡Ayúdame a tener un espíritu alegre para mejorar e iluminar el ambiente a mi alrededor!*

98

# AGUA, AGUA EN TODAS PARTES

**Su Padre sabe lo que ustedes necesitan antes de que se lo pidan.**
—MATEO 6:8, NVI

**El agua: la usamos todos los días.** La bebemos, cocinamos y nos lavamos con ella. (A diario, ¿verdad?) Ayuda a crecer a nuestros alimentos y flores. La usamos para apagar incendios y para producir electricidad. Hasta practicamos deportes en ella, como la natación, el patinaje sobre hielo y el esquí. El agua cubre más del 70 % de la tierra y constituye como el 60 % de nuestros cuerpos.

El agua consiste de dos diferentes elementos: hidrógeno y oxígeno. Dos átomos de hidrógeno se unen a un átomo de oxígeno para hacer $H_2O$ —o, como preferimos llamarla— agua. La palabra *agua* usualmente la usamos para describir la forma líquida de esta combinación, mientras que llamamos *hielo* a la forma sólida y *vapor* a la forma gaseosa.

El agua es vital para la vida. Puedes sobrevivir como tres semanas sin comer, pero solo puedes durar tres días sin agua. Tu saliva está hecha de agua para que puedas tragar. El agua elimina los desechos y toxinas de tu cuerpo. Amortigua tu cerebro, humedece tus ojos, lubrica tus coyunturas, equilibra tu temperatura corporal y ayuda a distribuir oxígeno a todo tu cuerpo. No solo la necesitas tú, también toda otra planta y animal en la tierra. El agua es una substancia muy importante.

Quizás por eso Dios la hizo el segundo día de la creación (Génesis 1:6-8), *antes* de hacer plantas, animales o seres humanos. Dios sabía que todo iba a necesitar agua, así que la proveyó desde antes que fuese necesitada. Eso es lo que Dios siempre hace —Él sabe todo lo que necesitas— desde antes que lo pidas o siquiera sepas que lo necesitas. Y él ya tiene un plan para conseguirte lo que necesitas.

**Dios, gracias por el regalo del agua y todo lo que hace por mí. Sobre todo, gracias por velar por mí y asegurarte de que tengo todo lo que verdaderamente necesito.**

## SORPRÉNDETE

El agua (o $H_2O$) puede ser un sólido, un líquido o un gas, dependiendo de su temperatura. Se congela convirtiéndose en sólido a 0 grados centígrados y hierve, convirtiéndose en gas a 100 grados centígrados. ¡Pero bajo cierta presión y temperatura muy precisas, el agua puede ser las tres al mismo tiempo! Este se llama el *punto triple*.

# FRUCTÍFERO

**La clase de fruto que el Espíritu Santo produce en nuestra vida es: amor, alegría, paz, paciencia, gentileza, bondad, fidelidad, humildad y control propio.**
—GÁLATAS 5:22–23

**En este mundo hay dos tipos de seres vivientes: productores y consumidores.** Los productores son cosas como plantas y árboles. Estos usan un proceso llamado fotosíntesis para convertir la luz, el agua y el dióxido de carbono en un tipo de azúcar que entonces alimenta a las plantas mientras crecen. Las plantas básicamente producen su propio alimento, y este combustible les da energía para convertirse en frutas, vegetales, hojas, tallos y flores.

Los animales, por otra parte, son consumidores. Esto es porque ellos no pueden generar su propio alimento. En vez de eso, ellos consumen alimento, el cual su cuerpo usa como combustible para darles energía. Hay tres tipos de consumidores en el mundo. Los primeros son los herbívoros, y ellos solo comen plantas. Los segundos son carnívoros, y ellos solo comen carne. Los terceros son los omnívoros, porque comen tanto animales como plantas. ¡Si te comes una hamburguesa con papas fritas, eres un omnívoro!

Ya que comes para sobrevivir, eres un consumidor. Pero Dios también quiere que seas un productor de fruto espiritual. Pero no se refiere a manzanas y naranjas, no. Dios quiere que produzcas el fruto del Espíritu, el cual incluye amor, alegría, paz, paciencia, gentileza, bondad, fidelidad, humildad y control propio. No puedes producir este fruto por ti mismo, pero no te preocupes, Dios te ha dado su Espíritu para ayudarte. Así como las plantas no pueden producir fruto sin el sol, el agua y el aire, tú no puedes producir el fruto del Espíritu sin exponerte a la Palabra de Dios, su voz en oración y la luz de su amor. Cuando decides seguir a Dios, él envía su Espíritu para que viva dentro de ti. El Espíritu te ayudará a hablar con Dios, entender su Palabra, y producir fruto. ¡Él te hará verdaderamente fructífero!

*Querido Dios, por favor lléname con la luz de tu Palabra y con tu Espíritu. ¡Nútreme para que yo pueda producir tu clase de fruto!*

## SORPRÉNDETE

La gente suele decir que debes comer bastantes frutas y vegetales, pero saber cuáles puede ser más difícil de lo que piensas. Los ciruelos, duraznos y peras en realidad son parte de la familia de las rosas. Y las calabazas y chícharos no son verdaderamente vegetales, ¡son frutas!

# AQUÍ ESTÁ TU CAMBIO

**Estamos siendo transformados para ser como [el Señor]. Este cambio en nosotros trae cada vez más gloria, y viene del Señor, que es el Espíritu.**
**—2 CORINTIOS 3:18, PARÁFRASIS**

**Metamorfosis: es lo que sucede cuando un animal cambia su forma de cuerpo de una forma a otra.** Las mariposas y las ranas probablemente son los mejores ejemplos de animales que experimentan la metamorfosis. La mariposa inicia su vida como un huevecillo que luego nace como oruga. Después de crecer y mudar su piel varias veces, la oruga se convierte en una crisálida, y la capa exterior de la crisálida se endurece en una cubierta protectora. Dentro de la crisálida, la oruga se transforma completamente en una hermosa mariposa.

La rana también empieza su vida como un huevo. El huevo crece hasta convertirse en un renacuajo que vive en el agua. Durante las siguientes semanas, la boca del renacuajo se hace más ancha, sus ojos se abultan, y su cola se encoge y se encoge, hasta que desaparece por completo. Solo unos pocos cambios más y se transforma en una rana, ¡lista para participar en su primer concurso de salto!

Si tú vieras las fotografías del «antes y después» de las mariposas y las orugas (o de los renacuajos y las ranas), pensarías que son criaturas completamente diferentes. Pero eso es lo que es la metamorfosis, un cambio completo.

Si tú pudieras tener una metamorfosis, ¿qué cambiarías? ¿Querrías alas

Renacuajo de rana toro

para volar o piernas para saltar muy alto? Pues verás, los seres humanos no experimentan metamorfosis, al menos no en su exterior. ¿Pero en su interior? Esa es otra historia. Cuando decides seguir a Jesús, el Espíritu Santo viene a vivir dentro de ti y de inmediato inicia su obra, cambiando la manera que piensas, cómo sientes y cómo actúas. Él te cambia un poco cada día para ser más y más como Jesús. Este cambio tomará tiempo —toda tu vida, de hecho— pero el resultado será indescriptiblemente asombroso.

*Señor, gracias por amarme tanto. Por favor cambia mi corazón, mis pensamientos y mis acciones para ser más y más como tú. Gracias por enviar tu Espíritu Santo para vivir dentro de mí.*

## SORPRÉNDETE

La mariposa alas de pájaro es la mariposa más grande del mundo; ¡sus alas se extienden hasta 30 centímetros de punta a punta! Esta especie tiene una interesante manera de defenderse. Los adultos ponen sus huevos en la hiedra venenosa (aristoloquiácea). Las orugas que nacen se alimentan de la planta, por lo cual también se hacen venenosas. ¡Así los depredadores la piensan dos veces antes de intentar comérselos!

# INDESCRIPTIBLE

©2018 por Louie Giglio

Escrito por Louie Giglio y Tama Fortner
Ilustrado por Nicola Anderson

> **Louie Giglio** es el pastor de la iglesia Passion City, en Atlanta, Georgia, y el fundador de las Conferencias Passion, un movimiento a nivel mundial de jóvenes universitarios que viven para dar a conocer a Jesucristo. Comunicador dinámico y eficaz, Louie tiene una Maestría en Divinidades otorgada por el Seminario Teológico Bautista Southwestern. Louie es autor de *Mi respirar, Yo no soy, pero conozco al Yo Soy* y *Goliat debe caer*. Louie y Shelley viven en Atlanta, Georgia.

Publicado por Editorial Patmos, Miami, FL. 33169

Todos los derechos reservados.

Publicado originalmente en inglés por Tommy Nelson con el título *Indescribable*. Tommy Nelson® es la división infantil de Thomas Nelson. Thomas Nelson es una marca registrada de HarperCollins Christian Publishing, Inc.

A menos que se indique lo contrario, las citas bíblicas utilizadas han sido tomadas de la Santa Biblia, Nueva Traducción Viviente, ©Tyndale House Foundation, 2010. Usado con permiso de Tyndale House Publishers, Inc., 351 Executive Dr., Carol Stream, IL 60188, Estados Unidos de América. Todos los derechos reservados.

El texto bíblico señalado con «NVI» ha sido tomado de La Santa Biblia, Nueva Versión Internacional® NVI® Copyright © 1986, 1999, 2015 by Biblica, Inc. Usado con permiso. Todos los derechos reservados.

El texto bíblico señalado con «LBLH» ha sido tomado de la Nueva Biblia Latinoamericana de Hoy® © Copyright 2005 by The Lockman Foundation. La Habra, California 9063. Sociedad no comercial. Derechos Reservados.

Los textos marcados con «DHH» han sido tomados de la BIBLIA DIOS HABLA HOY, 3RD EDITION. *Dios habla hoy®*, Tercera edición © Sociedades Bíblicas Unidas, 1966, 1970, 1979, 1983, 1996. Usado con permiso.

El texto bíblico señalado con «TLA» ha sido tomado de la Traducción en lenguaje actual. Copyright © Sociedades Bíblicas Unidas, 2000. Usado con permiso.

El texto bíblico señalado con «RVC» ha sido tomado de la Reina Valera Contemporánea ® © Sociedades Bíblicas Unidas, 2009, 2011.

Todas las imágenes son ©iStock a menos que se indique lo contrario. Las páginas 18, 63, 105, 157 son ©Shutterstock. Las páginas 167 y 175 son ©Getty Images. La imagen de la estrella muriendo: página 69, ESA/Hubble & NASA, reconocimiento: Matej Novak. Cueva de cristales: página 71, autor Alexander Van Driessche. Meteorito Hoba: página 145, autor Sergio Conti.

Nota: a medida que se verifica una nueva investigación científica, es posible que algunos datos de este libro no reflejen los últimos hallazgos. Conforme nos enteremos, haremos las actualizaciones correspondientes al libro.

ISBN (tapa dura): 978-1-58802-961-4
ISBN (tapa blanda): 978-1-58802-962-1

Impreso en Brasil | *Printed in Brazil*